JN065525

知的障がい者と〝食う寝るところ、住むところ〟

大川総裁の福祉論！

大川豊 著

旬報社

まえがき

政治の力が一番必要な人たちに届いていない、そう強く感じています。

政治の現場を30年以上取材している中で、メディアに取り上げられず、どんどん深刻な問題となっていったのが、「福祉の現場」でした。

障がいを持つ方と親御さんの高齢化による「8050問題」、親亡き後の「終《つい》の棲家《すみか》問題」、施設に入所できない「待機知的障がい者問題」など枚挙にいとまがありません。親御さんが仕事もできずに24時間体制で対応している、強度行動障がいがある方や障がいが重い方は、福祉施設の側もさまざまな理由で受け入れが難しい実情があります。

このように課題は山積みです。とはいえ、自分は芸人です。問題提起だけでなく、お笑いの発想で楽しく解決することが大切だと思っています。

本書は、そのすべての問題の「光」があります。補助金に頼らずに施設を作ったり、暴れてしまう人も自立まで支援する施設や、多様な働き方を取り入れて注目されている経営者や、タブーである性の問題に取り組む方、障がい特性に合わせてスポーツにチャレンジする団体と、いろいろな人が登場します。取材した自分自身も読んでいるみなさんも、知的障がいを持つ方や支援するスタッフの方々に助けられ、元気をもらう本になったと思います。

ある埼玉の福祉施設では、障がいを持つ方が「私たちには納税の権利がある！」と言っていてビックリしました。三大「義務」の納税ならわかりますが、納税が「権利」ですよ！　みなさん、発想がすごくないですか？

そんな思いもよらないことにたくさん出会えるから、自分はお金や仕事に関係なく、福祉の現場に足を運ぶのです（笑）。

日本の少子高齢化社会の人手不足、農業の担い手がいない問題なども知的障がいを持つ方に助けてもらうことができると思います。

「知的障がいの人を施設に閉じ込めている」なんて声も聞きますが、それなら、われわれの側が施設に行けばいいんじゃないか、普通に遊びに行ってもいいんじゃないかと思います。

大川興業は「0円からスタートできるお笑い」として、地域の差、障がいの有無、事務所所属もフリーランスも関係なく参加できる芸人育成ライブ「すっとこどっこい」を30年以上開催しています。メディアで活躍する芸人を多く輩出する一方で、引きこもりや不登校を経験した芸人たちもいました。その芸人たちの中には、メディアを通してではなく「目の前の人を笑顔にする」ことに向いていると気がつき、国家資格である作業療法士になって、患者さんを元気にしている人もいます。

また、〝史上初の身体障がい者お笑い芸人〟ホーキング青山も大川興業のライブからデビューしました。彼は、身体は不自由でも発想が自由で、人に笑われるのではなく、人を笑わせたいという思いが強くありました。

当時、障がい者が舞台に立つということはタブー中のタブーでしたが、スタッフや周囲の理解を得て活動。その後、自身で事務所を設立し、2023年に公開された北野武さんの映画『首』にも出演しているのです。

福祉というと「助けなきゃ！」というイメージがあると思いますが、自分が福祉施設に行くと、利用者の方に借金のことを心配してもらったり、「部屋を空けるからいつでも来ていい」と言われたり、いつも助けてもらっています（笑）。

自分を含めて、人間は凸凹です。この凸凹をＬＥＧＯブロックみたいに組み合わせてみたら、「本物の車までできて走ってしまった！」「家ができちゃった！」ということが起きるはずです。そんな感じで福祉に明るく楽しく関わってほしいと思います。ぜひ、福祉施設のイベントにも遊びに行ってください。

この本は、大川興業の「活字ライブ」に来たような感覚で読んでいただけると嬉しいです。

２０２４年１月　大川興業総裁・大川豊

目次

3 働く

1 暮らす

生まれた時は仮死状態。それでも息子は「普通」の子

野田聖子 × 大川 豊

野田聖子

障がいを持つ子どもの母として、政治家として
衆議院議員の野田聖子さんに話を聞いた

Profile

野田聖子　のだ・せいこ

1960年、福岡県生まれ。大学卒業後帝国ホテル勤務、岐阜県議会議員を経て、1993年、衆議院議員初当選。1998年、37歳で郵政大臣、その他消費者行政推進担当大臣、自民党総務会長、総務大臣、衆議院予算委員長、自民党幹事長代行などを歴任。2011年、「卵子提供」をうけ、人工授精で男児を出産。2021年、第二次岸田内閣で内閣府特命担当大臣(地方創生・少子化対策・男女共同参画)、女性活躍担当大臣、こども政策担当大臣、孤独・孤立対策担当大臣として活躍。2022年9月、自民党情報通信戦略調査会長に就任。

障がいは「当たり前」に存在するもの

大川　昔から大川興業のお笑いライブにはいろんな芸人が出演しています。1994年には、先天性《せんてんせい》多発性《たはっせい》関節《かんせつ》拘縮症《こうしゅくしょう》[1]で両手両足が使えない車椅子の芸人・ホーキング青山[2]がデビューしました。最近ではＡＬＳ（筋萎縮性《きんいしゅくせい》側索硬化症《そくさくこうかしょう》）[3]患者でステイホーム芸人の「ＡＬＳのイーグル76」が遠隔操作ロボットを使って愛知県の自宅から東京のライブに出演しています。重度の障がい者がお笑いをやることを批判する人もいますが、自分はこれが当たり前の社会だと思っているんですよね。人間は多様で、誰もがいろんな可能性を持っています。障がいを持つ人が「笑われる」のではなくて、ちゃんと芸人としてお客さんを「笑わせている」んです。

野田　大川さんのように、障がいを当たり前のことだと考えられるのはすごいことですよ。私には13歳になる息子[4]がいますが、彼は医療的ケア児[5]であり知的障がい児であり身体障がい児でもあります。私は息子を産んだときから障がいが生活の一部になっているので抵抗はありませんが、世の中には障がいに対して抵抗を覚える人がまだまだ多い。だから「知的障がい者の明日を考える議員連盟」[6]の勉強会で大川さんをお見かけしたときは「どうして芸能人の大川さんがいるの？」と驚きました。それと同時に、ものすごく嬉しかった。大川さんは何がきっかけで知的障がいの問題に関わるようになったんですか。

大川　自分は1998年から雑誌で政治をテーマにした連載を始めて、いろいろな現場に出かけてきました。その頃から、読者の声の中には「現場の声」もあると思い、「悩みがあったら聞かせてほしい」とメールアドレスを公開していたんです。そうしたら、知的障がいのお子さんを持つ全国の親御さんから「本当にもう息子の面倒を見られない。施設に預けることもなかなか認めてもらえない」という悲痛な声が、メールでも選挙の現場でも寄せられるようになりました。東日本大震災や熊本地震の復興現場に行った時にも「障がい者の8050問題」[7]についての相談を受けました。国や自治体の方針は「障がい者は各家庭で幸せな人生を送ってください」というものですが、きょうだいにはきょうだいの生活がある。かといって、地域の人が面倒を見てくれるわけでもない。親御さんたちから「私たちが安心してお任せして、先に天国に行けるような施設はないでしょうか」という声を山ほど聞いてきたんです。

野田　そういう経緯があって勉強会にいらしたんですね。

大川　親御さんや施設の人たちと話していくうちに「この問題は早くしないと間に合わない。政治家や官僚のみなさんにも参加してもらって勉強会をしよう」ということになったんです。そこで自分もできることはやらせてもらおうと思いました。

野田　すごいですね。私は自分の子どもがいろんな障がいを持って生まれるまでは、わりとのんびり国会議員をやっていたんですよ。知的障がいについても知識としては知っていて「何かの役に立ちたい」と思っていました。でも、自分が息子を産んでいきなり当事者になると「何か違うな」と思ったんです。わかりやすく例えると、男性が女性のことを考えるのに似ています。「ありがたいけどちょっと違う」という違和感。今はよくても「親が死んだ後のことを考えてくれてはいない」と痛感しました。だから議連の事務局長をしていた三原じゅん子参議院議員から議連の会長就任を打診された時は「ありがたい。当事者としてやれることはなん

衆議院議員会館にお邪魔しての取材は、コロナ禍だった

でもやろう」という気持ちで引き受けました。

大川　勉強会に親御さんや施設の方がいらしたとき、野田さんはすぐに率直な意見交換をされていました。これは当事者の野田さんだからできることだと思います。

野田　世の中には「施設は悪だ」「いつまでも施設にいちゃいけない」という空気がありますよね。でも、私は「選択肢があったほうがいい」とずっと疑問に思っていたんです。当然、家族ですから、自宅で一緒に過ごしたいという思いはあります。けれども、技術も環境も整ってないのに無理やり家庭で看るとなると、夫婦二人で24時間体制です。うちは医療的ケア児でもあるから、産後退院してからは阿鼻叫喚《あびきょうかん》の日々で、本当に毎日が離婚の危機でした。

大川　お二人だけで24時間看るのは大変ですよね。

野田　睡眠不足は人間を狂わせます。夜中に息子の血液中の酸素濃度がみるみる下がってアラームが鳴りっぱなしになったこともありました。わが家の「なんちゃってＩＣＵ」で、息子の顔がどんどん茶色くなって、蝋人形のように動かなくなってしまった。私たちは医師でも看護師でもない素人だから、何が起きたかまったくわからない。救急車を呼ぶ間もなくて、あっという間に息が止まってしまったんです。

大川　大変な事態です。でも、医療的ケア児の場合、突然やってくる緊急事態に家族で対処できることには限界があると思います。

野田　本当に私は何かに守られてるなと感じています。パニックになっていたその時、突然頭の中に「カニューレ」[8]っていう言葉が浮かんできたんですよ。

大川　痰を吸引する「気管カニューレ」ですね。

野田　そうです。家族が定期的に痰の吸引をしないと、チューブが詰まって呼吸ができなくなっちゃうんです。そこで「あっ！　パパ！　カニューレ変えてみて！」って言ったら、夫がブルブル震える手でカニューレを抜いて入れ替えてくれた。そうしてしばらくしたら蘇生しました。あれは人生最大の恐ろしい出来事だったと思います。

大川　自分の母親もクモ膜下出血で、5年間ぐらい「植物状態」だったんです。ヘルパーさんが追いつかない状態だったので、看護師さん指導の元、自分が毎日気管カニューレで母親の痰の吸引を何十回もしていました。自分は医療のプロではないから、扱いにとても苦労しました。

野田　日本の家って、思った以上に乾燥しているんですよね。結論から言うと、カニューレの中にあった痰が乾燥してカリカリに固まってしまい、チューブを全部塞いで窒息させていたんです。

大川　わかります。自分も痰を取るときに、カニューレの先端で痰が固まって取れなかったことがあります。

野田　私たちも同じ。多い時には一日に50回も60回も痰の吸引をしないといけない。ちゃんとやってきたつもりでしたけど、乾燥を計算に入れていなかったんです。

大川　それを家族に要求するのは無理があると思います。この大変さは実際にやっている人じゃないとわからない。野田さんは社会的地位があるから、それなりに医療のネットワークやバックアップもある状態だったのかなと思っていましたが、壮絶な体験をされたんですね。

野田　生まれた時は仮死状態。入院中には泣きすぎて気管が張りついてしまい、心肺停止になりました。そして3回目が自宅での窒息です。息子はもう何度も三途の川を渡りかけています。これまでにも10回以上外科手術をやっていて、その都度、医師から「死ぬ確率」について聞かされてきました。わが家では、生きることより死ぬ可能性について話すことがスタンダードでした。そういう経験が私をぶれない人間にしたと思っています。やっぱり、最愛の人が死にかけているのを目の当たりにすると、他者が何か文句を言ってきても構っていられない。無駄なことに心を使わなくなりました。私の政治家としての最大の欠点は、嫌いな人がいなくなったことですね。政治家としてトップに立つためには「あいつには絶対負けたくない」という強い思いがないとダメみたいです（笑）。

注

1 生まれた時から、さまざまな関節がかたくなっており（拘縮《こうしゅく》）、障がいがある部位の筋肉が弱いため、動きに制限がある。そのため、車いすを利用する患者も多い。

2 1994年、大川興業主催の若手芸人育成ライブ「すっとこどっこい」にて初舞台を踏んだ芸人。漫談家、作家。

3 手足・のど・舌の筋肉や呼吸に必要な筋肉がだんだんやせて力がなくなっていく病気。しかし、筋肉そのものの病気ではなく、運動をつかさどる神経に障がいを受けた結果、脳からの命令が伝わらなくなることにより、筋肉がやせていく。

4 アメリカでの「卵子提供」を経て、2011年に誕生。現在、中学1年生。出産の経緯など詳しくは、『生まれた命にありがとう』（野田聖子、新潮社、2011年）にある。

5 医療的ケアとは、家族が自宅で行うもので、いわゆる治療行為の医療とは違う。「日常生活に必要な医療的な生活援助行為」。

6 「現場の声を『直接』聞いて、議員と現場が『一緒』に解決する」を掲げる議員連盟。野田聖子議員が現会長を務める。

7 一般的な「8050問題」は、ひきこもりの親子の高齢化問題。50代の子どもを80代の親が支える状態で、ひきこもりの長期化と高齢化に伴うさまざまな問題を指す。子どもが障がい者の場合、両親が高齢化すると、家庭での生活介助や障がいの特性に合わせた支援が困難になることが問題である。

8 心臓や血管、気管などに挿入する太めの管のこと。楽に呼吸ができるようにするために気管切開すると、体にとって異物のカニューレが原因で分泌物が増える。分泌物が増えると溜まってしまい、呼吸ができなくなることがあるため、分泌物を吸引する必要がある

知的障がい者の親は完璧な存在ではない

大川　息子さんは気管切開をされているんですよね。声は出せるんですか。

野田　はい。気管切開するときには「もう声は聞けなくなる」と言われましたが、今はしゃべったり歌ったりしています。謎ですよね。

大川　すごいですね。ＡＬＳ患者のイーグル76も気管切開をしていますが、なぜか声が出せるんですよ。何かノウハウがあるのかもしれませんね。

野田　やっぱり人間の未知なるポテンシャルが別次元であると思うんです。うちは２歳３ヵ月で退院した時に「知的障がいで医療的ケア児です。寝たきりだから、どういう人生を与えてあげられるか考えてください」と一番厳しい状態を宣告されました。それが今では話しているし、自分で歩けるし、自転車にも乗れています。なんでも確定的に未来を計画しちゃいけないんですよね。ずっと夫婦で息子を看てきて、寝られなくてズタボロになったこともありました。そのときに思ったのは、「どこかに少しでも預けたい」ということでした。でも、実際には医療的ケア児を預けられる施設はなかったし、世間には「施設否定」や「預けるのは親失格」みたいな圧力もありました。

大川　それは今も根強くありますね。

野田　子育ては大変です。ましてや「スタンダード」の枠にはまらない子を育てるのは容易ではありません。でも、いつも世間からは「好きで産んだあんたが悪い。だから親が面倒見なさい」という圧が押し寄せます。障がいを持つ子を産んだ親はすごく責任感が強いけれど、もう、いっぱい、いっぱいなんですよ。本当は１００の愛があっても、くたびれきって、30とか40のガス欠状態になっています。そこにガスを充填するためには、レスパイト[9]

や、一時的に預かってくれる施設が絶対必要です。それがあれば親の力をなんとか持続できます。

大川 子育てに疲れてしまった親御さんが、小さなお子さんを保育園や一時保育に預けるだけでも全然違ってくるのと同じですよね。

野田 「子どもがかわいそう」と言う人もいるけれど、そうじゃないんですよ。子どもにとって一番幸せなのは親が笑顔でいることです。親は子どもと離れると恋しくなって、やっぱり会ったとき笑顔が出る。「親が完璧」という前提でされる「施設悪玉論」にはものすごく問題があると思います。

大川 強度行動障がい[10]の方の場合はプロでなければ対応できないこともあります。

野田 「愛があればできる」じゃないんですよね。「一度みんな預かってみてよ」って思います。今は「ノーマライゼーション」[11]という言葉もあって、得体の知れない「健常者像」に近づけようとされるけれど、私は「はぁ?」って思います。

大川 知的障がいに対する社会的な理解はまだまだ進んでいませんね。

野田 うちの息子もそうですけど、いきなり殴るんですよ。知的障がいだから制御できない。親だって殴られたら「こんなに苦労して育てているのに!」と腹が立つわけです。でも、知的障がいの本人は合理的に殴ってくるわけじゃないから、たぶん理解できていない。

それに対して理解はできなくても、社会全体で痛みを分かち合うことはできるはずです。親が一人で10を全部受け止めると痛いけど、受け止める人が5人いれば2ずつになる。そういう環境があることはとても大事ですよ。

大川　健常者の場合でも、子どもは親に対してだけわがままを言ったりします。知的障がい者でも、第三者は殴らないケースもあります。

野田　うちもわかりやすいですよ。彼をここまで育てたのは実際には父親です。やっぱり父親には恩義を感じているらしく、父親は殴らないんです。でも、私なんかＤＶされまくり。悪名高き野田聖子にマウントを取れるのは息子しかいません（笑）。

大川　そんなことになっているとは思いもしませんでした。

野田　私はいつも傷だらけだから、息子はその都度、父親に叱られています。すごく面白いですよ。彼なりにわきまえていて「母ちゃんはいいだろう」と思っている。私も最近は巧妙になってきて「父ちゃんに言うぞ」なんて言っています。

注

9　レスパイトは、「息抜き」「一時停止」を表す。介護者が休息・息抜きしたい時、負担軽減が必要な際に利用できる制度のことを言う。

10　激しい自傷行為、かみつく・叩くなどの他害、ものを壊したり、危険な場所にとび出したり、登ったり、叫んだりという行為などが「通常考えられない頻度と形式で出現している状態」を指す。強度行動障がいになりやすい人は、重度・最重度の知的障がいがあったり、自閉症の特徴が強い。

11 正常化の意。高齢者や障がい者などを施設に隔離せず、健常者と一緒に助け合いながら暮らしていくことが正常な社会のあり方だとする考え方。また、それに基づく社会福祉政策。ノーマリゼーション。

「地域や家庭に戻す」は綺麗事

大川　自分はいろんな現場に行っていますが、強度行動障がいの方、もう本当に行き場がなくなった触法《しょくほう》障がい者[12]も受け入れている大型の施設があるんです。そこは優しく接するだけじゃないんです。われわれ健常者でも、学校で集団生活を学びますよね。その施設では保育園の子どもたちが手をつないで散歩に行くのと同じようなことを実践していました。最初は暴れたり、他人を蹴ったりしていても、何年も毎日続けていくと、だんだん蹴るとか段ることが徐々になくなっていくそうです。なかには施設を出て、グループホーム[13]に入れるようになる人もいる。グループホームから仕事に通えるようになった事例もある。行政は知的障がい者を無理して地域や家庭に戻そうとするけれど、施設に行くこと自体は悪くないと思います。

野田　地域や家庭に戻すって、綺麗事ですよね。そもそも「母親」としての教育を受けている人はほとんどいません。大学で児童心理学を学んだ人や保育科に行っていた人は別ですが、母親のテクニックを身につけてない人が、ある日突然、妊娠して産んだことで母親になる。その人たちに対して「母親なのに、なぜできない」と言うのは理不尽です。ましてや障がい児を持つことは、もっと学んでいません。むしろ客観的に強度行動障がいや福祉を学んできたプロのほうが冷静に対処できます。同じ愛情でも、親とは違う伝え方ができると思うんです。それは知的障がい者本人にとっても悪いことではないと思います。

大川　知的障がい者にもそれぞれの得意分野や特徴があります。自分は芸術に関しても、幅広い選択肢があればいいなといつも思っているんです。

野田　そもそも、みんなに「就労、就労」って言うのもおかしいと思いますよ。全然働けない子もいる。学習できない子もいる。そこは認めなければいけない。

大川　健常者でもいろんな人がいます。仕事をしない権利もあっていいですよね。

野田　今のところ、自分の息子に何ができるかはわかりません。だけど親としてアンテナは常に立てていたい。私は息子を見ていて「何が得意かな」といつも考えています。何か関心を持ったら、そこにコミットしたい。そういう大人が社会全体に増えていったらいいなと思っています。

大川　親だけでは無理ですよね。知的障がい者の中にも超人的な集中力の人はいて、芸術作品で賞をもらう人もいます。でも、卒業したら就職口がないから辞めちゃう。今までやっていた芸術活動がゼロになってしまう。非常にもったいない。

野田　本当にそれは運だと思いますね。非常に優秀であっても、巡り合わせが悪いこともある。私は障がいって、たまたまそういう障がいを持って生まれたという程度の話だと思っているんです。私、草間彌生《くさまやよい》[14]先生が大好きなんですけど、病いをアートの題材にして草間先生が稼ぎ出すお金は、私も大川さんも一生稼ぎ出せない額ですよね。

大川　世界的なアーティストですからね。

野田　だから凡人の尺度、私たち一般人が作る基準って、あまり気にしなくてもいいのかなって思いますね。この間、うちの息子が丸をこうやって描いていたんですよ。「なんか草間彌生先生みたい！　ひょっとしたら、メイクマネー？」と思ってワクワクしたんですけど、うちの子は6個描いてやめちゃった（笑）。でも、そんな自分が楽しい。うちは退院した時の期待値が低かったから、普通の家からすると当たり前に見過ごすところも「おお〜っ」て喜ぶ。すると息子は「僕はすごい」ってなる。

大川　いいですね。これはどんなお子さんにも必要な話だと思います。

野田　うちの夫婦は「優秀な子どもを持つと大変だよな」と笑っていますね。

大川　芸術作品にしても仕事にしても、この先、社会の受け止め方が変われば知的障がい者を巡る環境にも大きな変化が起きるかもしれません。自分は鹿児島の施設にも行っているんですが、知的障がいをお持ちのみなさんが「黒にんにく」をむいていたんですよ。機械でむくとどうしても傷がつくから、手でむくのが一番美味しいんだそうです。なんと、その施設では年間7トンもむいてました。現在は高齢化のため休止中だそうですが、プロの仕事でした。

野田　すごい！

大川　われわれにはできないことです。でも、全国を見渡すと、なんでも同じような仕事内容になってしまうんですよね。もっといろいろあっていいと思います。

野田　川崎にチョークを作る会社[15]があるのをご存知ですか？

大川　はい。実際にその会社で働いている方から、「ぜひ現場を見に来てほしい」とお声がけいただいています。

野田　そこは重度の障がいをお持ちの方が働いているんですが、普通の人が働くよりも生産性が高いんです。なぜかというと、普通の人よりも集中力があって真面目だから生産性が上がるんですよ。

気さくに、なんでも答えてくれる野田議員。息子さんのお話が尽きない

大川　その強みを生かしたんですね。

野田　優秀な経営者は社員に合わせます。先代社長は重度の障がい者の方が持っている能力に合わせてラインを作ったんです。今、日本社会が障がい者の方々に活躍してもらえていないのは、単に障がい者の方々に合わせた環境整備ができていないからなんですよ。

注

12　犯罪を犯した障がいを持つ人のこと。障がいの特性が関係して、罪を犯すにいたるなどさまざまな原因がある。適切な福祉につながることができなかったために、犯罪を犯してしまう人も多い。

13　障がい者グループホームは、障がいを抱えている人が日常生活や社会生活を送るための支援を受けるために設置されたサービスのこと。障がい者が地域の中で、家庭的な雰囲気のもと、共同生活を営む住まい。一つの住居の利用者数の平均は6人程度。

14　1929年、長野県生まれのアーティスト。水玉をモチーフにした作品を多数作ることで有名。統合失調症の幻覚・幻聴からのがれることを目的として、幻覚・幻聴などの症状を題材とした作品も生み出している。

15　日本理科学工業株式会社。チョークやクレヨンなどの文房具を作る企業。全体の7割にあたる社員に知的障がいがある。2023年、日本テレビ放送の「24時間テレビ」で会社の取り組みがドラマ化された。

知的障がい者が健常者を救う可能性

大川　地方にある施設だからこそできるチャレンジもあります。熊本には外出が自由な施設もありました。

野田　それはすごいですね。

大川　その施設は仕事を強制していないんですが、鶏をうまく活用していました。鶏を飼うと皆さん自主的に餌をあげたくなるそうなんです。「俺が起きて世話をしてあげないと鶏が死んじゃう」って、みんな朝起きて世話をする。いろんな形できっかけさえあれば、知的障がいの方もできることが見つけられるかもしれません。

野田　少し前に、霞ヶ関の役所が障がい者雇用の法定雇用率を満たしていなかった問題[16]がありましたよね。あれの何が問題かというと、東大法学部を優秀な成績で出た人、国を引っ張る人たちのところに障がいを持つ人たちの姿がないということなんです。身近に障がい者がいなければ、政策が偏ってしまいます。「何でもできる人しかいない世界」に向けた政策になってしまうことが問題なんです。

大川　コロナ対策の国や行政の対応でも同じことが言えます。知的障がいの方だと、手を洗うということ自体がわからないし、マスクをすることができない人もいます。だからといって家に閉じ込めたら暴れてしまうこともあります。ルーティンを崩せない方もいます。だから自分は当時、安倍総理の記者会見で知的障がい者の問題を質問したんです[17]。外出自粛が叫ばれていましたが、福祉タイムでもいいから、知的障がい者が自由に生活できたり、遊べたりする場所や時間帯を少しでも確保できないかと。今までの政策から知的障がい者がこぼれ落ちてしまっていたのも「身近に存在を感じてこなかったから」だと自分は思っています。

野田　障がい児や女性の問題もそうですが、政策決定がなされる場に当事者がいないと、マイノリティの声はかき消されます。大多数の人を救うことも大切ですが、世の中には必ず障がい者も存在します。それが社会です。そこは気をつけないと「やまゆり事件[18]」みたいなことを肯定する国家になってしまう。健常者の中には「障がい者に余計な税金を使わなきゃいけないのか」と言う人もいますが、健常者の方がよっぽど税金の恩恵に預かっているんですよ。そのことを棚に上げて、飛び出た部分のことばかりを言うのは明らかに間違っています。

大川　福祉というと「お金を使うイメージ」が先行しがちですが、われわれの方が助けられることも出てくると思っています。たとえば軽度の方が重度の知的障がい者の方をヘルプで看ることもできるかもしれません。障がい者でも納税者になれる人もいます。「農福連《のうふくれん》携《けい》」[19]をしたら変わってくるかもしれません。

野田　それができたら大転換になりますよね。きちっとその人たちを認知してあげて、その人たちの役割を作ってあげれば大変な力になります。日本は単純労働の担い手が足りないということで、無理やり外国の人を技能実習生として取り入れてしまっているけれど、実のところ目の前にいる人たちにちょっとアプローチすればいろんな果実が生まれてくる。その手間暇をかけたがらないんですよね。

大川　逆に特別支援学校[20]などで隔離されてしまっている。

野田　たしかに特別支援学校って、とてもよくしてくれるんですよ。とても人権を尊重してくれていいんだけれど、私たち親がいなくなったときに、近くに友だちがいない状態になってしまう。だからうちは家の目の前の小学校に転入しました。そこで友だちと一緒に通っていると、息子がどんどん変わっていく。特別支援学校のときはあまりしゃべらなくて手話を使っていましたが、編入してからは言葉を発するようになりました。「ばか」とか「おばば」とか、いい言葉は覚えないけれど、コミュニケーションができるようになった。それは親の力でも何でもなく、学校の仲間たちのおかげです。最近は私に「出てけ！」とも言うようになりました。

大川　周りの力で知的障がい者本人も変わっていくんですね。

野田　私は親ばかだから、息子に「出てけ！」って言われても「言葉を発している、嬉しい！」と思うんですよ。だけど、ちょっと間違えてパパに「出てけ！」って言ったら、「なんじゃ！　しばくぞ！」と怒られています。

大川　知的障がい者が身近にいないと、地域の人たちもどう対処したらいいかわからないのかもしれませんね。

野田　外に出たら「障がい児」と言われるけど、家の中では普通なんです。むしろ、本人よりも周りの問題です。例えば息子は生命を維持するためにいろいろ機械をぶら下げているから、初めて見る人にとっては「不思議ちゃん」なんですね。でも、うちの子はフレンドリーだから、誰かれ構わず「ハイ！」とやる。日本では完全にスルーされるけど、ハワイに行くとみんなが「ハイ！」ってやってくれる。そういうやりとりが日本でもできるようになるといいなあと思っています。

大川　それぞれが多様な個性を持って社会は成り立っていますから、普通の感覚で接するのが一番いいんですよね。今日はいろいろ光が見えてきた気がします。本音の話をありがとうございました。

注

16　障害者《しょうがいしゃ》雇用促進法《こようそくしんほう》という法律が定めているもので、従業員が一定数以上の規模の事業主は、従業員に占める障がい者の割合を法定雇用率以上にする義務がある。民間企業の法定雇用率は2・3％。2018年、中央省庁が雇用する障がい者数を水増ししていたことが発覚。総務省や法務省、文部科学省など雇用率が0％台の省庁が計18機関あった。

17　2020年5月4日の緊急事態宣言が延長された際の首相記者会見で、大川総裁が記者として質問。内容は、コロナ禍での知的障がい・発達障がい者の行動指針について。コロナ禍の行動制限に適応させることは困難であることから、首相・専門家に意見を求めた。

18　2016年神奈川県相模原市の知的障がい者施設「津久井やまゆり園」に元職員の男が侵入し、入所者19人が殺害され、26人が重軽傷を負った事件。犯人は事件後「障がい者は不幸をつくる」などと供述し、障がい者へのヘイトクライム（憎悪犯罪）であることが明らかになった。

注

19 農福連携とは、障がい者などの農業分野での活躍を通じて、自信や生きがいを創出し、社会参画を促す取り組み。農業・農村が抱える課題と障がい者・福祉を取り巻く課題双方の解決とメリットの創出のためのコラボレーションのこと。

20 特別支援教育は、障がいがある子どもの自立・社会参加のため、子ども一人ひとりの教育的ニーズに合わせた適切な指導や支援を行う教育のこと。特別支援学校は、障がいごと（例：聴覚障がい、視覚障がい、肢体不自由、知的障がい、情緒障がいなど）に学級が編成された学校。誰でも入学できるわけではなく、対象となる障がいや障がいの程度が定められており、就学相談などの面談を経て進学が決まる。

取材後記

☑暮らす　□楽しむ　□働く

　野田議員の育児は、ジェットコースターのように目まぐるしく、毎日が緊張とバトルの連続なのに、どうやって自民党三役の総務会長や、こども家庭庁設立時のこども政策担当大臣など歴任してきたのかと思う。てっきり、パーソナルアシスタントやヘルパーさんや秘書の方が手伝ったりと、もっと恵まれた環境の中で育児をされているのだと思っていた。野田家は本当に家族一丸となってがんばっているのだなと、非常に説得力のある話だった。

　よく野田さんのブログを読んでいるのだが、野田さんの息子さんは「胃ろう」で食事を摂っているので、家族旅行に行っても一緒に食事ができない。一般的には、食事は家庭団らんの大切な時間だと思う。食事ができない状況でも、家族旅行を楽しんだり、コミュニケーションを取る時にどのような工夫しているのだろうか。子どもの前で親は食事をしていいのかなど、気になることが色々ある。今後もぜひ発信してもらえたらなぁと思う。こんな風に、目の前に福祉の現場につながる人がいるからこそ、議連の勉強会でも「ママ友の会」のようにスッと親御さんの話を聞ける。

　野田議員と対談してひしひしと感じるのは、一人で生きていく力だ。世界では障がい者は、障がいを持つからこそ、子どもの頃から時間をかけて親からの自立のトレーニングをしている。日本だけがいまだに80％以上の知的障がい者が親と一緒に暮らしている。スウェーデンでは、20代から30代にかけて、たとえ障がいが重度でも支援方法を考え、自治体が自立することを家族に説得している。野田議員は息子さんのやんちゃな言動も成長のあかし、将来一人で生きるうえで必要だと「鉄母《てつはは》」として見守る。世界的にもお子さんが身体・知的障がいを持つ政治家の話は聞いたことがない。日本の福祉政策を改革し、世界をリードして欲しい。鉄の女・サッチャー、鉄の母・野田聖子。これでどうでしょうか？（笑）。

「必要だけど、家の近くにできるのは反対」知的障がい者施設を作る

足高慶宣×柴崎久美子×大川 豊

足高慶宣

知的障がい者が安心して暮らすためには
大型施設の選択肢も必要だと言う足高慶宣さんの施設を訪ねた

Profile

足高慶宣　あしたか・よしのぶ

1954年、奈良県生まれ。1979年、慶應義塾大学経済学部卒業。卒業後は、家業の置き薬業のため東京足高薬品株式会社を設立（現在は足高薬品株式会社に統合し、弟が家業を承継）。1999年11月、社会福祉法人柊の郷設立。翌年6月、奈良県葛城市にて知的障がい者入所施設「葛城苑」を開所。以後、理事長として、現在に至るまで知的障がい者の方を対象とした社会福祉事業を運営。2015年6月には、首都圏の待機障がい者問題を解決するため千葉県袖ケ浦市にてデイサービスセンターとグループホームを開設。以後、同県木更津市にも同様の事業を開設する。

施設には非協力的な行政

大川　足高さんは奈良県と千葉県で知的障がい者施設「柊の郷《ひいらぎさと》」を運営されています。施設を作られて何年ぐらいになるのでしょうか。

足高　もう20年を超えましたが、最初は大変でした。奈良に施設を作ったばかりの頃は、地域のみなさんが嫌がって怖がって、「村のほうに近寄るな」と言われていました。けれども、時間が経って慣れた今は誰も怖がりません。

大川　施設を作ろうと決めたきっかけは何だったのでしょうか。

足高　言い出したらきりがないくらい、いくつもあります。もっとも大きかったのは、強く勧めてくれた方がいたからです。そもそも、知的障がい者のための施設を作ろうとすると、地域の方々からの反対運動がすごいんです。昔から「総論賛成、各論反対」で「必要だけど、自分の家の近くにできるのは反対」となります。そうは言っても、施設はどこかに作らなければなりません。「あなたは奈良に大きな土地もあるし、外では名前が通っているから何とかできるだろう」と強く勧められました。親しくしている方にも相談したところ、「ぜひやりなさい」と背中を押していただきました。

大川　新規参入して施設を作るハードルは高いのでしょうか。

足高　ハードルは高いですね。システムとしては作りやすいかのようですが、現実はなかなか厳しい。私が相談した方の中には、長い間、自治体で首長を務めた方もいました。その方は知的障がい者のお子さんを抱えておられたので、自分自身でも作ろうと考えたけれども、「とても無理だった」とおっしゃっていました。

大川　地域に根づいて信頼されている名士でも難しかったのですね。

足高　難しいです。私は行政に大きな問題があると思っています。私どもの施設でお預かりしている人たちは、本来、地域の方々に迷惑をかけるようなことはありません。しかし、行政がそのことを地域の方々に周知活動をしてくれません。

大川　そうなんですか。

足高　地元の方々から理解を得るための説得は、すべて施設を作ろうとする社会福祉法人、いわばサービス産業の業者に丸投げしているのが現状です。私たちは厚生労働省に対して何度も「努力してほしい」と言い続けていますが、現状では「施設側が住民を説得できたら俎上《そじょう》に載せて検討する」という姿勢です。

大川　それは問題ですね。

足高　私は地域の住民が悪いとは言いません。住民のみなさんは実態をご存知ありませせんから、知らないものに対して怖がるのは当たり前のことです。そこを通訳して住民に説明するのが行政の仕事ですよ。私たちは社会的に必要とされる事業だと思ってやっているのに、「厚生労働省は必要ないと思っているのだろうか」と疑いたくなります。社会的に必要があるならば、行政側から「危なくない。必要だ」と周知活動をしてほしい。それをずっとサボっているのが厚生労働省であり、都道府県庁職員であり、市役所職員です。ここは猛省してほしいですね。

大川　柊の郷は数十人から100人規模が入る大きな入所施設という理解でよろしいでしょうか。

足高　いいえ。根本的に、制度として新たな「入所施設」は作れません[1]。

大川　それは「施設に閉じ込めるのはよくない。地域に戻そう」という流れからきているものなんでしょうか。

足高　そうですね。ただし大きな問題があります。入所施設がなくなってしまうと、重度の方が住めるところがなくなってしまうんです。だから私たちの法人は、デイサービスセンター[2]とグループホーム[3]を組み合わせています。本来のグループホームは自分たちで掃除や洗濯をして食事も作ることになっていますが、私たちの法人には、障がい支援区分[4]が最も高い6や5の方がいらっしゃいます。私たちがグループホームで受け入れてお世話をしなければ、行き場がなくなってしまうんです。ただし、土日は介護費用が出ませんから、そこは施設が持ち出しをする覚悟でセットを作りました。初めは利用者の親御さんたちも「どうなるの？」と心配していましたが、やり始めたら、入所施設とほぼ同等のサービスを提供できています。逆に居室の環境などについては、かえって喜ばれるようになって、いつも満室になっています。

大川　土日の介護費用は出ていないのですか。

足高　土日はデイサービスの対象外になりますから、その分は出ません。

大川　職員の方はどうしているので

政界へ挑戦した経験もある理事長は行動力がすごい

すか。

足高 職員に対する給与はもちろん払います。運営で苦労しながらやっています。

大川 施設側の持ち出しということですね。

足高 持ち出しというか、得べかりしものがないということでやっています。私の思いとしては、社会福祉法人をどうするかということは、国家としてクリアしていかないといけない問題だと思っています。憲法25条の生存権[5]の問題です。最近はよくサステナビリティ、持続性ということが言われますが、やはり施設が持続できる仕組みを行政が用意するべきだと思います。

注

1 2003年、「新障害者プラン」によって方針が示された。「新障害者基本計画及び重点施策実施5か年計画（新障害者プラン）」では、「入所施設は真に必要なものに限定する」と脱施設の方向性が鮮明になり、これ以降、地域への移行の流れができた。

2 デイサービスセンターは、入所するのではなく、通所する施設。自宅からの送迎、介護、日常のケア、利用者同士の交流をする施設。

3 グループホームは、食事・入浴・排泄の手伝いや自立した生活をするうえで必要な活動について、スタッフのサポートを受けながら共同生活をする施設。3〜6人程度が一緒に居住する。

4 障がいの多様な特性、その他の心身の状態に応じて必要とされる標準的な支援の度合を総合的に示すもの。区分は1〜6まであり、6が最重度。

5 憲法25条の「生存権」は、社会権の一つである生存権を保障するもの。条文は以下である。「第1項 すべて国民は、健康で文化的な最低限度の生活を営む権利を有する。第2項 国は、すべての生活部面について、社会福祉、社会保障及び公衆衛生の向上及び増進に努めなければならない。」

潜在的な知的障がい者はもっといる

大川　令和5年版の『障害者白書』では、国の知的障がい者認定数（療育手帳保有者[6]）は109万4千人です。その内訳は、入所施設を利用する知的障がい者が13万2千人、在宅の重度知的障がい者が推計で37万3千人。在宅の重度以外の知的障がい者が推計で58万8千人となっています。しかし、WHOは「IQ70未満」の人を知的障がい者の基準としています。これを基準に考えると、日本の知的障がいの方は今の109万4千人よりもかなり増えるのではないでしょうか。

足高　IQというのは指数計算で算数的に出てくる数字です。IQ70を基準とすれば、全国民の2・28％程度は知的障がい者になるはずです。しかし、日本は調査をしていないため実数の把握ができていません。実際には、290万5千人[7]ほどの知的障がい者の方が暮らしておられるはずです。

大川　今、療育手帳[8]をお持ちの方の3倍近くになる可能性があるということですね。日本では知的障がいを認定する基準が決まっていないのですか。

足高　決まっていません。何度も厚生労働省と話をしているのですが、日本に知的障がいの明確な定義はありません。知的障害者福祉法[9]にも知的障がい者の定義がない。つまり、対策を取れないということです。

大川 それでは、何を基準に療育手帳がもらえるのですか。

足高 地方自治体の裁量行為です。

大川 自治体の担当者が面接などで決めるということですか。

足高 地域によって違います。生活保護と同じように、予算がある自治体は容易に認めてくれますが、予算がない地域ではなかなか認めてくれないという問題が起きています。橋本内閣以降、地方分権改革[10]が進められましたが、厚生労働省はそれをきっちり利用しています。「それぞれの地方で決めなさい」ということになっているんです。

大川 「IQ70以下」という基準がないとしても、さすがになにかしらの基準があるのではないでしょうか？

足高 いいえ。法律上は一切ありません。

大川 本当ですか？ 面接だけで決まるのですか。

足高 親の訴えだけではダメで、医師の診断書が必要です。その上で、都道府県によっては独自に定めた検査方法などの基準があったりします。ですので、行政や医師に親が積極的にプッシュする必要があると思います。精神科の医師にかかっていれば取得しやすくなっているようですが、多くの人にとって身近なのは内科医です。そうなると、取得が難しいというケースがよくみられます。それでも昔を考えたらずいぶん前進しているんです。国会議員のみなさんに呼びかけて「知的障がい者の明日を考える勉強会」を始める前は、療育手帳を持っている人の数は障がい児と障がい者を合わせて54万人しかいませんでした。

大川　たったの54万人だったんですか⁉

足高　はい。それがこの3～4年でようやく74万人になり、今は109万4千人になりました。おそらく厚生労働省で受付の枠を容易にしたのだと思います。

大川　潜在的にいた方が認められるようになったということですね。今現在、療育手帳をお持ちでない200万人近い方々はどこにいらっしゃるのでしょうか。

足高　わかりません。誰も調べていませんからね。

大川　もしかしたら、コンビニで万引きして刑務所に入っていたりするのでしょうか。

足高　元議員で服役経験をされた方が書かれた本には、受刑者の5～6割に知的障がいがあるとの記述がありました。実際に仕事ができない方、稼ぎのない方がどこでどうして暮らしているかというと、刑務所から出て、その足でコンビニに行っておにぎり1つ、菓子パン1つ、手に取ってそのまま出て行ったら万引きで犯罪です。それで再犯、累犯《るいはん》[11]ということになります。

大川　そういう方にちゃんとした職業訓練をするのも簡単ではありませんね。

足高　職業訓練の前に、まずは安住できるところ、住むところが必要です。生命の危機を感じなくて済むようにする必要があると思います。

㊟
6　厚労省資料によると、日本の知的障がい者（児）109万4千人のうち施設入所者は、13・2万人。在宅者は96・1万人。
7　WHOの基準（ICD-10）では、IQ70未満という基準があり、ここで示すのはこの基準で考えた場合の人数。
8　療育手帳は、児童相談所または知的障害者更生相談所から知的障がいであると判定された人に交付される。各自治体によって基準は異なるが、概ねIQ70未満で、日常生活や社会生活に支障が出ている場合に対象となる。
9　知的障害者福祉法とは、知的障がい者の支援や自立について定めた法律。生活、就労に関する法律だが、「知的障がい者」の定義が明確に書かれているわけではない。実質的には、療育手帳の交付の際に自治体ごとに判定される。
10　地方分権改革とは、国に集中している権限や財源を地方に移し、自治体の自主性・自立性を高めるための取り組み。
11　累犯《るいはん》とは、何度も繰り返し罪を犯すこと。「累犯障がい者」とは、元衆議院議員の山本《やまもと》 譲司《じょうじ》さんの書籍『累犯障害者』（新潮社、2006年）で一躍有名になった造語。軽微な罪を何度も犯し、何度も刑務所に入る知的障がい者のこと。福祉のセーフティネットやケアからもれてしまうといった背景がある。

「地域へ戻そう」には無理がある

足高　国は障害者自立支援法《しょうがいしゃじりつしえんほう》（現在の障害者総合支援法《しょうがいしゃそうごうしえんほう》）[12]を作って、療育手帳を持つ109万4千人に対しても、できるだけ自立させようという姿勢を取っています。潜在的な290万5千人から109万4千人を引いた170万人は今でも自立して生きておられるのが現実です。

大川　地域に戻そうという形になったのはなぜなんでしょう。

足高　まずは厚生労働省の役人と学者の思い込みではないでしょうか。例えば学者さんたちはよく「スウェーデンモデル」[13]を持ち出されるのですが、現場にいる私たちからすれば、80年代で議論は終わっています。

大川　そもそも人口約1千万人のスウェーデンと約1億2千万人の日本では状況が大きく異なります。国土面積は日本の1・2倍ですから、必ずしもスウェーデンモデルがいいとは言いきれません。自分がスウェーデンの市民オンブズマン[14]に話を聞いたところ、スウェーデンでは1986年に大型施設が姿を消して、地域移行のグループホームでの自立を目指すようになったそうです。ただ、それは同じ年に知的障がい者の権利を拡大する新しいケア法[15]ができたからだと聞きました。

足高　おっしゃる通りです。日本とは状況が違います。

大川　スウェーデンでの自立とは、お金を稼ぐことではなく、自分に決定権があるということ。重度の知的障がいがあっても、自治体が積極的に親を説得して、20代のうちから一人暮らしができます。これはパーソナルアシスタントという専門家がシフト制で利用者の生活をサポートするからできることで、多くの人手とコストがかかります。今はスウェーデンでも人手不足に悩んでいるそうです。少子高齢化で介護や医療でも人材不足になっている日本では非現実的かもしれません。もちろん、都市部ではパーソナルアシスタントの体制で運営する福祉施設もあり、素晴らしい取り組みだと思います。これが地方でも実現できればいいのですが、現実的には高齢者訪問介護でさえままならない状況です。

足高　そう思います。それなのに、日本はいまだにスウェーデンモデルの話をしています。不勉強の極みだと思います。

大川　たとえば、強度行動障がいの方は、室内での適切な「距離」を持てることが大事だと現場で聞きました。ところが日本のグループホームはどうしても部屋が狭くて、利用者さん同士の距離が近くなってしまいます。それを避けるためにはたくさん施設を作らなければならず、スタッフにも負荷がかかります。現場を見ずに画一的にグループホームへの移行を進めると、最重度、重度、強度行動障がい、触法障がい者の受け入れができなくなってしまう。一人暮らし、グループホーム、大きなグループホーム、コロニー[16]など、多様な選択肢があっていいはずです。

足高　そうですね。国は109万4千人の知的障がい者を、最重度、重度、中度、軽度と区分けして、中度や軽度の人は自立して生きろと言っていますが、はたしてそれが適切なのでしょうか。障がい支援区分で6～4の方々にも自立して生きろと言っている。国の方向性としては入所施設を廃止するという考えですが、家庭で看るのには限界があります。入所施設を潰してどうするのでしょうか。

大川　日本の大きな施設では、みんなが自分のスキルを活かしながら助け合っている場面を多く見ました。軽度の人が重度の人を看てあげたり、洗濯が好きな人がスタッフとして洗濯していたり、パソコンのスキルを活かして仲間のブログを作ってあげたりしています。そういう交流もスケールメリットの一つですよね。まるで江戸時代の「長屋」のように助け合っていけたら、こんなに面白いことはない。自分も住みたいくらいです（笑）。

足高　本当に今望まれているのは、きちんと面倒を見てもらえる入所型の施設です。野田聖子さんも、親御さんが亡くなった後も安心して託せるような施設を作ってもらわないと、親は死ぬに死ねないとおっしゃっています。今のままでは、自分が死ぬ時には息子も殺すしかないと考えている親御さんもいらっしゃいます。そうした悲痛な叫びに対する対策を国として出してもらわないと、どうしようもないと私は思っています。

大川　今の日本には老人介護施設があちこちにあります。家では面倒を見られないから、プロのいる介護施設に入るわけですよね。これは障がい者でも同じではないでしょうか。

足高　もちろん家庭や地域に戻れる人はそれでいいでしょう。でも、50歳の障がい者で、例えば暴れてしまう人がいたとしますよね。その方のご両親は何歳になりますか。
大川 80歳前後ですよね。
足高 老老介護で困り切っているところに暴れてしまう障がい者が戻っていったら、家庭はどうなるでしょうか。
大川 無理ですね。「8050問題」[17]をはるかに超えますね。
足高 そういう実情も見ないで「地域に戻そう、家庭に戻そう」と言うのは無責任ですよ。私も奈良の田舎で生まれて、住民票はいまだに奈良の田舎にあります。今でもよく田舎に戻っているのですが、隣は空き家です。近所の別の家にはお年寄りが2人。その奥には80代半ばのおばあちゃん一人が車いすに乗っています。それが地域の実情です。
大川 地域で支えようと言っても無理ですよね。
足高 私は厚生労働省の人に聞いてみたことがあるんです。「みなさんは『地域』という単語をよくお使いになるけれど、『地域』ということを定義しているんですか」と。実際には何の定義もしていません。予算もつけずに「地域で支え合え」と言っているんです。これほど卑劣な政策はありません。何かせよと言うなら、それなりの対策、手順、予算、すべてを段取るのが行政の仕事です。それなのに、今は何もせずに掛け声だけ。ひどい話です。
大川 それで「地域で看ろ」と言われても、地域の人も困りますよね。

足高　2005年に障害者自立支援法ができた時、当時の担当課長に「地域と言ってもばらつきがすごいけれど、どうするの？」と聞きました。そうしたら課長は素直に「ばかな市長や県知事を選ぶ住民が悪い」と答えてくれました。

注

12 障害者自立支援法《しょうがいしゃじりつしえんほう》は、2006年に施行された法律。従来の法律との違いは、福祉サービスを利用するための仕組みを一元化し、市町村がその主体となったこと、支援費の支給手続を明確化、就労支援の強化、財源の確保など。サービス利用の際に、障がい者負担が増え、社会参加が阻まれるといった問題点があり、集団提訴に発展した。それを踏まえ、2013年、新たに障害者総合支援法《しょうがいしゃそうごうしえんほう》が施行された。

13 「スウェーデンモデル」とは、高福祉・高負担型の福祉国家のこと。スウェーデンは労働市場に国家が積極的に介入しているため、完全雇用と手厚い福祉が実現している。スウェーデンモデルの特徴は3つ。①職種や収入などにはよらない、画一的な福祉システムであること、②労働者と使用者の大きな組織が協調的な交渉を行っていること、③政治において「合意形成」を重んじる文化であることだと言われている。

14 「オンブズマンombudsman」とは、スウェーデン語で「代理人」を意味する言葉。もともとは、国民の代理人として行政機関に対する苦情処理や行政活動の監視・告発などを行う職務につく人のことを指し、「オンブズマン制度」は、西欧を中心に普及している。日本でも各地に市民団体や連絡会がある。

15 1986年に知的障害者ケア法が大幅に(全面)改正される。ノーマライゼーションの理念のもと、知的障がい者の施設を廃止し、入所措置を禁止して、脱施設化と地域生活への移行のための法改正を行った。足高さん、大川さんの話では、日本にはこのように国が強力に「地域移行」を進めるような法がない現状での「地域移行」の難しさを述べている。

16 コロニーは、大規模な生活共同体のこと。1960年代に日本各地で国立療養所も含め民間でも作られた。障がい者の適切な「保護」が社会からの「隔絶」になっているのではないか、などコロニーについての議論は尽きない。人権の面からも縮小傾向にある。

17 一般的な「8050問題」は、ひきこもりの親子の高齢化問題。50代の子どもを80代の親が支える状態で、ひきこもりの長期化と高齢化に伴うさまざまな問題を指す。子どもが障がい者の場合、両親が高齢化すると、生活介助や障がいの特性に合わせた支援が家庭では困難になることが問題である。

障がい者の入所待機問題

大川　知的障がい者の待機問題[18]も大変深刻だと聞きました。それなのに施設はなかなかできません。千葉県では、今どのくらいの入所待ちがあるのですか。

足高　千葉県では入所施設とグループホームを合わせて700〜800人だろうと思います[19]。これも面白い話ですが、奈良県では毎年、「不足が200人」と言っています。ところが50人の施設が新しくできても、次の年もやっぱり「不足が200人」となる。さらに新しく100人の施設ができても、翌年は「不足が200人」となる。つまり、実際には入所待ちの人が膨大に隠れています。私どもの施設がある千葉県袖ケ浦市の隣の木更津市の待機者は、表向きでは「ゼロ」ということになっています。でも、声を掛けるとすぐに何十人もの希望者が木更津市やその周辺市から集まります。このように、厚生労働省系の統計というのは、政府の統計の中でも一番信用できないものだと私はよく言っています。

大川　足高さんご自身の経験からは、大型施設とグループホームではどちらがいいとお考えですか。

足高　永続性を考えれば、私はできることなら大型施設のほうがいいと思います。スタッフもいろいろな都合があって、体調が悪くなったりすることもあります。スタッフが多ければそういう時にも支え合いができます。うちの場合もコロナ患者がゼロではなかったのですが、グループホームが複数あって部屋の絶対数が多いので、感染した利用者さんを隔離することができました。これが4人とか6人のグループホーム一軒だったら隔離もできません。対策は何もできなかったと思います。

大川　病院に行くしかありませんよね。

足高　ところが知的障がい者の場合は病院にも行き場がない。施設は施設として対処していかなければいけない。そうなると、ある程度の規模がなければ、ちょっと風が吹いただけで施設全体がコケてしまいます。

大川　規模が大きければ、一棟をコロナ患者専用にできたり、施設内で給食を作ったりすることもできそうですね。グループのスケールメリットをいかして仕事ができたり、農業ができたりということがありますね。

足高　利用者のことを考えてもスタッフのことを考えても、そこそこのスケールメリットがないと何ともしようがないと思います。

大川　これから利用者さんの「8050問題」が大問題になっていくと思うのですが、解決方法としては、終《つい》の棲家《すみか》となる施設を作ることがベストですか。

足高 今考えられる中ではベストですね。社会がものすごく豊かになれば、各家庭にスタッフを派遣して24時間アテンドして回ることも可能性としてはあるかもしれません。しかし、現実としては限りなくゼロに近い。介護でも同じです。高齢者全員にそういう介護をしようと思ったら、何人の介護職員が必要になりますか。

大川 地域の人がお弁当を作って持っていくとか、無理ですよね。

足高 たまにならできるかもしれませんが、毎日のことですからね。メディアが取り上げるのは美しい話ばかりですが、それは毎日やっているのですか、お弁当のゴミはどうしていますかという話です。毎日やってようやく「お世話している」ということになるわけですからね。

大川 無理して「地域に戻そう」とやるよりも、プロが看てくれる施設が明るく楽しいものであればいいわけですよね。自分が奈良の柊の郷にお邪魔した時は、足高理事長が利用者さんに頭をはたかれて笑っている姿を見ました。

足高 まあ、あの子らも、本気でたたくわけではないですからね(笑)。

大川 役人も地域の人も、足高さんが利用者に髪の毛を抜かれて笑っているところを見るべきだと思います。

注

18 障がい者の入所施設が足りず、空きの募集を待っている人たちが多くいるという問題。家族が高齢になると、自宅での介助や支援が困難になることからも起こる。

19 千葉県健康福祉部障がい福祉事業課の「障害福祉サービス利用待機者調査結果報告」(２０１９年)などから割り出している。

ハンディキャップ人材センターを

大川　柊の郷では、大和野菜を作ったり、ヤギを飼ったりと、農業と福祉の連携がうまく行っているんじゃないかと思っています。この「農福連携《のうふくれんけい》」[20]という考え方についてはいかがでしょうか。

足高　みんな楽しく野菜を作っていますけどね。農福連携とまで言ってしまうと、作物のノルマがあったりするので、あの子たちにはハードルが高いんじゃないかなと思うんです。だから「お手伝い」程度に考えたほうがいいかもしれませんね。本気の農業としての「畑の草取り」ということになると難しいのですが、庭の草むしりくらいのイメージなら楽しんでやれると思います。

大川　なるほど。

足高　余談ですが、日本の農業はもうはっきり言うと死んでいるような状況で、農業をやっている人の平均年齢は65歳を超えていて跡継ぎがいません。経済的に成り立たない商売です。お米にしても、農家は自分たちで作ったお米よりもスーパーで買ったほうがずっと安く済むというのが常識です。やりたくもない農業を、そこに田んぼがあるから嫌々させられている人たちも多いわけです。今はシルバー人材センターに畑の草取りなどを頼む農家が多いわけですが、シルバーの数もものすごく減っていて人手が足りていません。障がい者は草むしりの戦力になるということで、最近、注文が増えてきています。

大川 みなさん黙々とやられますからね。

足高 いやいや、それもイメージであって、実際には続かない人のほうが多いですね。30分か40分くらいがいいところだと思っていたほうがいい。私はあの子たちに過度なノルマをかける気にはなりません。

大川 自分も現場に行って、作業は一切せずに楽しく歩き回っている人も見ました。

足高 私はそういうことでいいと思っています。

大川 自分もそう思います。自然の中で楽しそうに歩いている姿を見て、それだけで素晴らしいと思いました。

足高 シルバーのおじさん・おばさん一人分を10人、20人であっても賄えればそれでいいんです。それでも庭の草むしりをやってくれる人が貴重になっている昨今ですからね。軽度の方々であれば、そういう仕事はいっぱいあると思います。それを今のままでやらせると、変な搾取の仕方をされたりする可能性もあります。せっかく行政でシルバー人材センターを作っているのなら、知的障がい者にも同じような仕組みを作れないものかと思います。搾取のない形、安全性を守れる形で知的障がい者の人材センターを作ってみたらどうかと思います。

大川　ハンディキャップ人材センターですね。

足高　そういう形で、月に何千円か何万円かわからないけれど、ノルマもなくゆったりとした仕事をさせてあげればいいわけです。

大川　人材センターみたいなものができればどんどん外に出ていって仕事をしたりコミュニケーションしたりできますよね。

足高　もうひとつ大事なことは、知的障がい者にさせる仕事ということであるなら、彼・彼女らが独占できるようにしなければいけません。健常者でも失業している人はたくさんいるわけですから、普通に競争していたら仕事は回ってきません。そのうえで、驚くような低い給料でこき使われるわけで、それで自立なんてできるでしょうか。そういう制度そのものをきちんと組み立て直すことが必要になってくると思います。

大川　障害者雇用促進法《しょうがいしゃこようそくしんほう》[21]というのもありますよね。

足高　一定の従業員数以上の会社で何%という枠はありますが、それをもっと厳格にしなければいけないと思います。それから、障がい者に要求してよいレベルと要求しても仕方ないレベルがあると思います。

大川　自分が訪ねた現場では、最重度で行動障がいもある方に、職員の方がそばについて掃除をさせようとしていました。はっきり言って、無理だと思います。

足高　いくらプレッシャーをかけても、できない人に無理をさせてどうするのかという問題があります。国の官僚は「芸術などの能力があるかもしれない」とよく言います。確かに画家の山下清《やましたきよし》さん[22]のような特別な能力がある人もいるかもしれません。でも、そのような能力は何百万人に一人の才能じゃないですか。

大川　そうですよね。健常者であっても、誰でも芸大に入れるわけではありません。プロの画家として売れる人は本当に一握りです。

足高　それを要求するのかというのが私の大きな疑問です。山下清になれと言われても、山下清になれない99・9999%の人はどうなるのか。そういうレッテルの貼り方はひどい。私は利用者さんが自然体でいることが大切だと思うんです。だからうちの施設では月に1度、利用者さんから不満を聞く「不満大会」[23]を開いています。

大川　面白そう。聞きたいですね。

足高　あの子たちにもいろいろな癖があるし、要望もあるし、好き嫌いがあります。だから私はいつも「みんなで仲よく一緒に、なんて思わなくていいよ」と言っています。24時間365日いるところで、それも10年、20年、もしかしたら30年を過ごす場所です。そこで「仲良く手をつないで」なんて言っていると、ものすごいプレッシャーになります。だから、嫌いな子は嫌いでいいし、口をきかないでいいし、またそのうち仲よくなったら仲よくなったでいい。なるべく自然体でいさせてあげたいんですよね。

大川　素晴らしいと思います。貴重なお話をありがとうございました。

注

20　農福連携《のうふくれんけい》とは、障がい者などの農業分野での活躍を通じて、自信や生きがいを創出し、社会参画を促す取り組み。農業・農村が抱える課題と障がい者・福祉を取り巻く課題双方の解決とメリットの創出のためのコラボレーションのこと。

21　障害者《しょうがいしゃ》雇《こ》用促進法《ようそくしんほう》は、従業員が一定数以上の規模の事業主は、従業員に占める障がい者の割合を法定雇用率以上にする義務がある。民間企業の法定雇用率は2.3%。2018年、中央省庁が雇用する障がい者数を水増ししていたことが発覚。総務省や法務省、文部科学省など雇用率が0%台の省庁が計18機関あった。

22　画家。1922年東京生まれ。軽度の知的障がいがあったといわれている。放浪の旅の中で見た風景を貼り絵にし、その作品とドラマチックな人生がテレビドラマにもなるなど大ブームになった。

23　毎月1回開催される利用者との意見交換会。参加者は、利用者と理事長・施設管理者だけであり、現場の職員（支援員）は参加しない。理事長と施設管理者が聞き役になり、利用者さんの日々の生活での不満ごとであったり、嫌なこと、やりたいことなどを自由に話してもらう。この催しは、利用者が日常的に不満に感じていることを把握して改善につなげるとともに、職員の日常支援に問題が無いかなどの確認として20年以上続けている。

取材後記

☑暮らす　□楽しむ　□働く

思い切って言わせていただくならば、足高理事長は「福祉界のドナルド・トランプ」。だって、一法人だけで国会議員、官僚を巻き込んで議員連盟（「知的障がい者の明日を考える議員連盟」）を立ち上げたのだ。福祉業界では大きな福祉団体は34団体あり、障がい報酬を物価高にあわせて反映する仕組みなどを提言している。非常に大切なことだ。だけど、追いつかない部分も多々ある。そこで、足高理事長はベンチャー企業のような活動をして、親亡き後の「終の棲家問題」などに独自に取り組んでいる。

例えば、少子高齢化問題。国が何十年も取り組んでいるが、ほとんど成果が上がらない。でも、泉《いずみ》房穂《ふさほ》元明石市長は、市政で少子化、子育て支援政策で10年連続人口増、8年連続税収増などの実績を上げている。この政策が全国に通用するかわからないけど、チャレンジする価値はあるかもしれない。大企業もチャレンジできず、倒産してしまう時代。政治でもベンチャー・スタートアップが本当に必要な時代だと思う。

議連勉強会では現場の声が届くように、親御さん、福祉施設の職員さん、福祉関係者、研究者が参加し、政治家・官僚がその場で答える新しい仕組みだ。官僚の縦割りを防ぐため、厚生労働省だけではなく財務省や、いわゆる触法障がい者に関わる問題では法務省矯正課と警視庁、特別支援学校などの問題では文部科学省の方など、幅広く出席していて、決して「選挙のため」なんかじゃない取り組みがある。しかし、国が決めても各自治体に権限があったり、福祉の担当者は絶えず部署移動するので問題が先送りになることも多い。

これだとどうしてもアイデアも浮かばず、チャレンジできず、旧態依然としてしまう。足高理事長は、これからの政治は「陳情」ではなく、「御用聞き」の時代と言っている。政治家も巻き込んで現場のリアルを伝えながら、これからも好きに暴れてもらえたらと思う。

柴崎久美子

「柊の郷」に娘さんを預ける母・柴崎久美子さんに
保護者の思いや悩みを聞いた

Profile

柴崎久美子　しばさき・くみこ

千葉県木更津市生まれ。「柊の郷」に通う33歳の娘さんがいる保護者。2015年6月、親の会・上総柊会（現東日本柊会）の会長に就任。現在に至るまで、会長として数多くの保護者をまとめるとともに、利用者さんやご家族の気持ちや思いを率直に法人側に伝える役割を果たす。

自立支援法が家庭の費用負担の原因に……

大川　柴崎さんには自立支援法[1]の前と後を知る保護者としてのお話をうかがえたらと思います。柴崎さんは「柊の郷」の保護者会である上総《かずさ》柊会《ひいらぎかい》の会長を務めておられますが、お子さんが特別支援学校にいたときも保護者会の会長をされていたそうですね。

柴崎　はい。私の娘は区分6で最重度になります。自立支援法ができる前には特別支援学校[2]に通っていて、私は保護者会[3]の会長をやっていました。

大川　自立支援法が施行されたのは平成18年です。できる前と後では何が大きく変わったのでしょうか。

柴崎　自立支援法ができる前は県立の施設に入っていましたが、その時と比べると、経済的な負担に大きな差があります。以前はそれほどお金がかからなかったのですが、支援法ができてからはお金がかかるようになりました。私は当時、正社員で働いていたのでなんとか賄うことができましたが、ひとり親世帯や虐待を受けている子たちもいるわけです。法改正によって費用負担が重くなったことで、施設をやめざるをえない人もいました。また、それまではお金がなくても入れていた施設に大金を積まなければ入れなくなるケースもあると聞いています。

大川　施設に入るために寄付金を積むという話も聞きますね。

柴崎　それは一緒に役員をしている人たちもおっしゃっています。みんなこれまでは施設に入る時に「一口いくら」という感じのことを言われてきたようで、「施設に入るためにお金を用意した」と言っていました。

大川　寄付金を５００万円積まないと入れないところもあると聞きました。

柴崎　本当はそれが常識であってはいけないのですが、お金がない人は結局、家で引き取るしかなくなってしまいます。重度になれば国からお金が入りますが、それはそっくりそのまま施設に払うことになり

大変な苦労の話もあったが、笑顔で話してくれる柴崎さん

ます。親御さんも年長の方が多いので、施設をやめさせて家に連れて帰る人もいます。家に連れて帰ってどうするかといえば、閉じ込めざるをえないんです。お年寄りが子どもの面倒を見ていると自分の生活もままならない状態になりますし、子どものお金を使わなければならなくなります。

大川　子どもの障害者年金[4]から生活費を出すということになりますよね。

柴崎　お金が払えないから家に連れて帰ることになる。そうなると、閉じ込めざるをえない。より悪い連鎖が生まれてしまっています。

大川　そういうケースは表に出ていないだけで数多くあると思います。

柴崎　親御さんも、本当はそんなことをしたくないんですよ。だけど、障がいを持っている子が家にいると働きにも出られない。偉い人が机の上だけで考えたことで、実際に困っている人たちの話はなかなか届かないんですね。

大川　言いたいことは山のようにあると思いますね。

柴崎　うちはまだ年齢的に大丈夫ですが、私よりも年長の保護者は大変です。年を取ってくると、休みの日に自宅に連れて帰るのが大変になる。子どもはかわいいから連れて帰るけれど、自分がいつまでそれをやれるんだろうという不安があります。いつかはずっと施設に預けっぱなしにしないと、自分の身の回りのことさえできない状態になってしまうのではないでしょうか。今、うちの子は薬で興奮をやわらげている状態ですが、以前は2階から飛び降りて、裸になってストリーキング[5]して、警察に探してもらったこともありました。常識では考えられないことかもしれませんが、頭が混乱してしまうからそういうことも起こりうる。そういう子どもを家庭でずっと看ていくのはとうてい無理な話です。以前のように入所施設があったら、と思います。なぜこんなに減らされたのか。入るところがなくて困っている状態の人は多いと思います。

注

1 障害者自立支援法《しょうがいしゃじりつしえんほう》は、2006年に施行された法律。従来の法律との違いは、福祉サービスを利用するための仕組みを一元化し、市町村がその主体となったこと、支援費の支給手続を明確化、就労支援の強化、財源の確保など。サービス利用の際に、障がい者負担が増え、社会参加が阻まれるといった問題点があり、集団提訴に発展した。それを踏まえ、2012年、新たに障害者総合支援法《しょうがいしゃそうごうしえんほう》が制定された。

2 特別支援学級は、障がいごと（例：聴覚障がい、視覚障がい、肢体不自由、知的障がい、情緒障がいなど）に学級が編成された学校。誰でも入学できるわけではなく、対象となる障がいや障がいの程度が定められており、就学相談などの面談を経て進学が決まる。

3 特別支援学校の保護者会では、職員と保護者が学校生活で子どもが学ぶうえでの不安や疑問を共有し、子どもの成長のために信頼関係を築くための交流を目的として活動している。

4 ケガや病気で働けなくなった場合にもらえる年金のこと。知的障がいでは、障がいの状態が「定められた基準」に該当しているかどうかで、障がい年金の支給や等級が決められる。日常生活において援助が必要な1級、2級である場合、年金を受け取ることができる。

5 公共の場で裸になって走り回ること、徘徊すること。

「地域か施設か」には無理がある

大川　入所施設に入っている間は基本的には負担はなかったということですが、家に帰ってくることになってどのくらい金銭的に厳しくなりましたか。

柴崎　家で看るということは、働けなくなるということです。つまり、収入が一切なくなる。「地域へ返そう」と言っても、実際問題として、地域の人たちには受け入れられません。うちは田舎で近所の人たちも娘を小さい頃から知っているので、地域の理解もありますが、男の子だったらそうはいかないこともあります。暴れてしまう子が公園に来たら蜘蛛の子を散らすように逃げていきますよ。施設を作るにあたっても反対運動が起きるのに、普通の家庭で隣の子の面倒を見られるわけがありません。

大川　無理だと思いますね。

柴崎　何か問題が起きると、実際にはやっていなくても「あそこの子がやったんじゃないか」と決めつけられてしまう。そういう状態にあるから親は余計に子どもを外に出せなくなります。うちでも鍵をかけていました。私は正社員で働いていましたが、家で子どもを看ないといけなくなったために正社員をやめてパートで働くことにしました。

大川　法律が変わった時からですか。

柴崎　法律が変わってからもしばらくは働いていましたが、特別支援学校を卒業した後は看てくれるところがありません。それからはパートの仕事しかできません。

大川　卒業した後は加齢児童として次の施設が決まるまでは看てもらえないんでしょうか。

柴崎　親から虐待を受けた子であれば、20歳を過ぎても行政が施設を探し、先のことまで面倒を見てくれます。しかし、それ以外の子は「家庭で看られるでしょう」ということになっています。

大川　特別支援学校にいる間に、就労支援施設の話とか、進路指導に近いような話はないのでしょうか。

柴崎　近くの施設からケアマネジャーが来てくれることはありました。しかし、「こういう施設がありますよ」と資料を見せてくれるだけで、実際には自分で電話して見学に行くしかありません。しかも、自分で選ぶのではなく施設側が選びます。こちら側に選ぶ権利がないと言ってもいいと思います。

大川　強度行動障がいの方は「ご遠慮願います」と言われてしまう状況もあると聞いています。柊の郷とはどういう経緯で出会ったのですか。

柴崎　以前お世話になっていた施設には入所の枠がなく、日中支援の枠で入っていました。

そこで「柊の郷が募集しています」と教えてもらって見に行き、運よく受け入れていただけました。考えてみれば、前の施設は追い出したかったんでしょうね。

大川 軽度の方だけを受け入れていたほうが職員もうまく運営できたり、周囲に対しても「こんなにすばらしい作業をしています」と言えたりしますからね。

柴崎 うちの子は重度なので、そういう活動としては見えません。だから、何かする時には鍵をかけて閉じ込められていて、それも承知しておいてくださいと言われていました。「行きたがらないので部屋に置いていきます」と言われました。こちらとしては「それでは嫌です」と言えない。人質を取られているのと同じです。

大川 柊の郷に移ってからはどうですか。

柴崎 私としては、本当によいところに来たなと思っています。農作業にしても無理強いはされません。自由に楽しそうにさせてくれています。ただ、他の施設ではまた状況が違うようです。私のもう一人の娘は別の県で施設の職員をやっているのですが、どの施設でもパンを作ったりしますよね。子どもたちはちょっと触るだけとか、袋詰めくらいしかできません。それでも工場などから卸された仕事だと数のノルマがあるし、うまくできなかったものは商品になりません。でもそういう仕事を継続的に取っているから、職員ががんばってやらざるをえない状況です。ノルマをクリアするためにほとんど職員が作っているのが実態です。職員は子どもたちを看ているのか、その仕事をやりに来ているのかわからないような状態だと聞いています。

大川 自分もいろんな現場でそのように聞いています。

柴崎 柊の郷はそういうノルマがありません。うちの子は何もやれませんが、好きにさせてくれるからのびのびできる。行政の方からは「前の施設にいた時と比べて娘さんがすごくイキイキしていました」と言われました。

大川 施設との相性もありますよね。健常者であっても、行きたい学校と行きたくない学校があります。別の施設に移ることで強度行動障がいが落ち着いて、みんなで手をつないで歩けるようになったり、グループホームで生活できるようになったりすることもあります。そういうよい事例をみんなで共有できたらいいですね。

その子に合わせた入所施設の拡充を

大川 親御さんとしては、最終的にどうなるのが一番いいとお考えですか。

柴崎 入所施設をちゃんと整備してほしいですね。小さなグループホームばかりだと、相性が合わない人がいたら、自分が出るか、相手に出てもらうかという状態になります。大きな施設であれば、うまく分けてくれる。大きな施設のほうが職員もいるわけだから、隅から隅までちゃんと目が届くと思います。

大川 分散していると、職員にも負担がかかるし、利用者さんの日常を看きれませんよね。

柴崎 それぞれに望むことは違うと思います。小さなグループホームでみんなが同じ考えでいるのはとうてい無理ですが、大きな施設であればいろんな子がいられる。グループホームが向いているのは区分1~2の軽度の方です。軽い人たちは地域でも受け入れやすいけれど、区分5や6の重度になると、なかなか受け入れてもらえない。だから、そういう子たちとはきっちり分けてもらいたい。グループホームが悪いのではなく、グループホームと入所施設を障がい者の数に合わせてほしいですね。

大川 今の制度は重度の方が直面する現実を見ていないと感じますね。

柴崎 見ていないですよね。うちの子は肺炎になって入院したことがあるのですが、当時は働いていたため面倒を見られなくて困りました。お年寄りの面倒を見るところは探してくれるのですが、知的障がい者を看てくれる人を探すのは大変でした。

大川 病院も受け入れてくれないのではありませんか。

柴崎 コロナ前だったので助かりました。当時は国がやっている完全看護の国保の施設が受け入れてくれました。でも、知的障がい者だから「なるべく家族がいてください」ということで、離れられるのは1時間程度。1時間で何ができるのでしょうか。

大川 病院でもそういうふうに言われてしまうのですね。

柴崎 確かに看護師さんもつきっきりというわけにはいきません。目を離したすきに逃げ出してしまったら大変ですからね。本人はマスクもつけてくれませんし、ついたてを立てて「ここにいてください」というわけにもいきません。

大川 なぜそこにいなければいけないのかが、ご本人にはわからないですからね。

柴崎 とにかく、前と比べると障がい者が住みづらい世の中になってしまいました。施設は決して閉じ込めているわけではないんです。むしろ「地域に」と言いだしたことで、家庭に閉じ込めている現状があります。自立支援法ができる前のほうが住みやすかった。年を取った親御さんにとっては、より一層苦しくなっています。

取材後記

☑暮らす　□楽しむ　□働く

施設入所時に「寄付金」をお願いされる、というケースはなかなか表には出ないが、現実にはある。グループホームや入所施設に入れない「待機知的障がい者問題」は深刻だ。話の中で出てきた「強度行動障がい」は重度の知的障がいを持つ方、自閉症の方が生育過程で後天的にコミュニケーションが取れなくなるもので、生活環境・人間関係の変化によるストレスで起こるそうだ。日本では強度行動障がいがある方は8千人と言う人もいれば4万人いると言う人もいる。これは、世界的な基準ツールである「ABC-J」という異常行動チェックリストなどを用いて判定される。自分の現場感覚では、早くからの医師や福祉の方々の支援やアドバイスが必要で、悪化する前に対処することでその後が大きく変わる。病気になる前の予防医学みたいな感覚だと思う。訪問先の施設の職員さんに聞いた話では、コミュニケーションが取れない時、施設では他の利用者が気持ちを通訳してくれることもあるそうだ。ご家庭では難しくても、利用者同士で助け合う場面はあるのだ。

健常者でも家では親に甘えてしまうが、外に出ると自立したふるまいを見せて、やさしく気のきくいい子だったり、リーダーシップを発揮することもあるだろう。

今後は、本当に困っている親御さんには自治体やボランティアなどがプッシュ型で早くから支援したほうがいいと思う。行動障がいの兆候があったら、思い切って子どものうちに専門家からコミュニケーション方法を学ぶことができるといい。親御さんにとっては何でも初めてのことなので、知識と経験のある専門家の助けが大切だ。話を聞いた方々は「思春期がポイントです」とみなさん言っていた。それぞれの人に合わせた早期支援があれば、就労もできるケースもある。就労も見据えて早くからの自立訓練がカギになるだろう。

まず重い人から
受け入れていこう。
それが福祉じゃないか

高橋満男×白井昭光×大川 豊

高橋満男
白井昭光

困っている人を
支えることこそ、
面白いと教えてくれた
茶の花福祉会に話を聞いた

Profile

高橋満男　たかはし・みつお

社会福祉法人茶の花福祉会会長。1973年から2005年まで入間市市議会議員として活動。議員活動の傍ら、地域住民と福祉に関する研究会を始めたことをきっかけとして、保育所を開所し、障がい児保育に取り組む。1979年、社会福祉法人 茶の花福祉会を設立。1985年、身体障がい者療護施設「大樹の里」を開設し、1991年に、知的障がい者更生施設「大樹館」を開設。これまで、埼玉県入間市・狭山市・所沢市で、37事業所を開設、運営している。

白井昭光　しらい・あきみつ

社会福祉法人茶の花福祉会理事。専門学校講師。

どんな障がい者も受け入れるのが福祉の基本

大川 茶の花福祉会は埼玉県で重度障がい者のための入所施設、グループホーム、作業所など全部で40ヵ所以上の施設を運営されています。こちらでは他の施設で受け入れを断られてしまった方も受け入れているそうですね。かつては警察から直接連絡がきて頼まれたこともあったと聞いています。

高橋 最近は警察から電話がかかってくることはそれほどありません。しかし、以前は続けざまにありました。

白井 会長から突然電話がかかってきて、「今警察でお世話になっている人が来るからよろしく頼むね」と告げられるのです。現場の職員に「今日、緊急事案が入るよ」と伝えると「わかりました(よっしゃ、役に立てる!)」という感じで受け入れています。

大川 かえってモチベーションが上がる感じですか。普通の施設ではなかなか受け入れられないですよね。

高橋 そうですね。警察から直接うちの施設に来た人の中には、障害者手帳[1]を持っていない人もいました。手帳がなければ障がい者と認められないから入所させられませんが、受け入れないわけにはいきません。このときは施設に入ってから市役所と調整して障がい者の認定をしてもらいました。支援費は遡って支給されました。

大川　警察から連絡がくるのはかなり特殊な例だと思うのですが、どんなケースだったのでしょうか。

高橋　重度の障がいをお持ちの50歳前後の方でした。それまで自宅で面倒を見てくれていた両親が年末に相次いで亡くなり、障がいのある娘さんだけが家に残っていたんです。普段からお宅に野菜を届けている業者が正月に訪ねたところ、両親と連絡が取れなかった。そこで警察と一緒に自宅を見に行ったところ、両親が亡くなっていたことがわかりました。発見した警察も親の遺体を遺棄したことでその人を逮捕することはできるのですが、「重度の障がいを抱えているため逮捕して留置所に入れても仕方がない。引き取ってもらえないか」と私に連絡があったのです。

大川　本人は親御さんが亡くなったということもわからないわけですね。

高橋　わかっていません。娘さんは昔、一度は障害者手帳を取ったようです。しかし、父親が「うちの子には障がいはない。福祉の世話にはならない」と怒って、市役所に障害者手帳を返していました。それからはずっと手帳がない状態でした。

大川　そういう親御さんは多いのでしょうか。

高橋 子どもの障がいを認めない親はたくさんいます。障がいを認めないのは構いませんが、その人をどうやって世話するかとなると、手帳がないとどうしようもありません。

大川 施設に入れることもできないし、お世話をすることもできませんよね。

高橋 精神障がいの場合によくあるケースです。福祉関係で働く方法を考えようにも、手帳がないため採用は難しくなります。

白井 その娘さんは福祉サービスを受けるために使う「2級者証」[2]という手帳も持っていませんでしたが、理事長から、「とりあえずうちで看ておくしかないだろう」と言われたので、私たちも「わかりました」と受け入れました。

大川 強度行動障がい[3]があり、2階から弟を投げてしまったとか、コンビニに包丁を持って入ってしまった人も受け入れていると聞きました。

高橋 家庭で一番困っているのは、両親だけでは看られないほど重い障がいのある人です。私はそういう人を看るのが福祉の原点だと思っています。ところが、ほとんどの施設はそうはなっていません。

大川 現実問題として、暴れてしまう人を施設で受け入れると、職員が暴力を受けてしまうなどの問題も発生します。そうした理由で「区分6の人は受け入れない」という施設もあります。それなのに、茶の花福祉会はなぜ受け入れられるのでしょうか。理事長が「受け入れます」と言っても、実際の現場は大変ではないですか。

高橋　2011年に知的障がい者施設の「大樹の郷《くに》」をオープンした時は、国立の施設に紹介された重度の人が6人入ってきました。その多くは年齢が18歳を超えたからと、児童の施設である「障害児支援施設」[4]から来る人でした。

大川　いわゆる「加齢児童」と呼ばれる方々ですね。

高橋　1991年に「大樹館《たいじゅかん》」という、当法人で初めて知的障がい者を受け入れる施設を作った頃は、「こんなに重い障がいを持った人が世の中にいるのか」とびっくりしました。窓から飛び降りる人もいれば、消火器を窓に投げつける人もいました。そういう人が一人ではなくたくさんいました。

大川　それは大変な状態ですね。

高橋　強度行動障がいの人も「おとなしいから」ということで入ってきたのですが、入所から一週間ほどで暴れ出したために、やむなく精神病院に入院させたこともありました。その方の前にも一人退所してもらっていたので、この人も「いつ退所させるか」という話を施設長と職員としていたのです。ところが先に退所させた人が他の施設では「みんなと一緒に遠足に行ったりと、普通に過ごしている」と聞いたのです。

大川　こちらから退所させた方が、別の施設に行ったら落ち着いたのですか。

高橋 はい。それを聞いた時に、「やればちゃんとできるのに退所させるなんて、そんなみっともないことはもうできない」と思って、「もう誰も退所させない」と決めました。

注

1 障害者手帳とは、「身体障害者手帳」「精神障害者保健福祉手帳」「療育手帳」の3つの総称です。取得することで、障害者総合支援法に基づいて、生活や仕事に関する支援を受けられるようになります。

2 「障害年金」の受給を決める「障がい認定基準」は、重い順から1級・2級・3級に分かれている。年金の支給は2級以上で、等級により支給額は異なる。2級の状態は、「知的障害があり、食事や身の周りのことなどの基本的な行為を行うのに援助が必要であって、かつ、会話による意思の疎通が簡単なものに限られるため、日常生活にあたって援助が必要なもの」。この話の場合、障害年金をもらうための資格を得ておらず、福祉サービスを受給するための資金も持っていない状態だったが、茶の花福祉会が受け入れをした。

3 激しい自傷行為、かみつく・叩くなどの他害、ものを壊したり、危険な場所にとび出したり、登ったり、叫んだりという行為などが「通常考えられない頻度と形式で出現している状態」を指す。強度行動障がいになりやすい人は、重度・最重度の知的障がいがあったり、自閉症の特徴が強い。

4 障害児支援施設には、通所型と入所型がある。入所施設は、家庭での養育が困難な子どもたちが健全な社会生活を送れるように指導・訓練する施設。入所については、市区町村の保健センター、医師、児童相談所などが検討する。

集団での歩行訓練が効果を発揮した

大川 現場の職員の反応はどうだったのでしょうか。

高橋 精神病院に入院させた人が帰ってくる前には、先生に見に来てもらって対応の仕方などを教わりました。しかし、職員からは猛反対されました。

大川　職員の方のお気持ちもわかります。

高橋　そこで、ある対策を用意しました。精神病院に入院する前からあまり寝ない人だったのですが、精神病院から施設に帰ってきて、その日からよく眠るようになりました。それまでは利用者の行動を記録している夜勤日誌への書き込みが2ページも3ページもあったのが1ページで足りるようになりました。そうすると「こっちのほうがいいね」となって職員全員が賛成しました。

大川　どうして眠れるようになったのでしょうか。

高橋　まずは歩行訓練を日常的に取り入れたことが大きかったと思います。歩行訓練も、できるだけ早足で歩かせる。マイペースにはさせないようにする。それから、みんなで手をつないで列になる。それをすることで他人を意識するわけです。

大川　初めて他人を意識するわけですね。

高橋　もっとも、実際にはどれほど意識できているかどうかはわかりません。しかし、そう

「まずは重い人から」というのが福祉の原点だと語る高橋会長

やって歩くことで、脳への刺激が生まれて疲れを感じます。マイペースでやらせていると、まったく疲れなくて、いくらでもやってしまう人たちですからね。歩行訓練を取り入れてからもコントロールできない利用者から殴られることも確かにあるのですが、対応の仕方で防げるようになりました。集団歩行訓練の取り組みを始めてからは、「まず重い人から受け入れていこう。それが福祉じゃないか」というのが私たちの共通認識になりました。

大川 他の施設では「基本的に利用者は好きに行動させる」ということがあると思います。集団での歩行訓練をすると、暴れていた人はどうなるのでしょうか。

高橋 基本は「暴れるか暴れないかが問題ではない」ということです。「自立に向けてどうするか」です。私たちは「集団の中に入って初めて社会参加になる」と考えています。なんでも好き勝手にやらせていたら自立はありませんし、グループホームに入れるようにもなりません。消火器を室内で噴射してしまうような問題行動をしていた人も、歩行訓練をすることで、実際にグループホームに行ったり、作業所に通えるようになったりしています。

大川 それはすごいですね。

高橋 てんかんを持っていた人も発作の回数が減りました。その人は厨房の手伝いをしていたのですが、よくできた時には、こちらで作成したチェック表に花丸をかいて、ほめて帰していました。そういう認めてあげるような取り組みをやっているうちに、ひどかった

「よだれ」が出なくなりました。てんかんの症状が、一時的に緩和されていく傾向も見られました。だんだん包丁も持てるようになったので、「これならグループホームに行けるんじゃないか」と職員に提案したところ、誰も反対しませんでした。

白井　口には出しませんでしたが、職員たちは心の中で「あの人をグループホームに行かせるだなんて、また理事長が恐ろしいことを言い出した」と思っていました。しかし、実際には何の問題もありませんでした。その方は今でもグループホームにいらっしゃいます。

高橋　本人が自信を持つのです。入所施設を出られたことが嬉しくてしょうがないのです。

大川　「オレはやれるじゃん」という感じになるのですか。

高橋　もともと能力が低いわけではないのです。

大川　能力があるからこそ、逆に暴れたりすると大変なわけですね。それにしても、みんなで手をつないで早歩きすることにそんなに効果があるのですか。

高橋　あります。しかし、それだけではありません。「静と動」ということで、静かに座っていられるようにするプログラムにも取り組んでいます。

白井　「コロロメソッド」[5]という、発達障がい[6]を持つ子どもたちに向けたプログラムがあるのです。それを成人した利用者さんに合わせてアレンジしています。

大川　具体的にはどんなことをしているのでしょうか。

白井　テレビコマーシャルというのは短い画面がどんどん切り替わっていって、集中力が途切れないようになっていますよね。障がい者の方もそうした視覚の変化を好む傾向があるので、職員が利用者の様子を見ながら歌を歌い、集中力を途切れさせないように常に視覚を使ってもらいます。例えばケーキがたくさん描かれた絵を見せて、集中している利用者さんに前に出てきてもらって「どれがいいか」を指差してもらいます。そうしてみんなの集中を引きつけながら、タイミングよく手遊びをしたりもします。そうやって細かく集中力をつないでいるうちに、多動で座れないはずの人たちが「気づいたら一定時間座っていた」という状態になるのです。

大川　それはＡＤＨＤ[7]の人にも有効な感じがしますね。

白井　そうですね。そういう集会を「静」と呼んでいて、「動」というのは歩行訓練などの動きがあるものです。この動と静の繰り返しをこちらでコントロールして、マイペース

職員の手作りのヒミツ道具。めくると絵が変わる仕組み

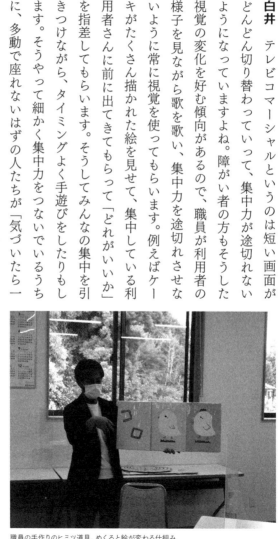

だったところをユアペース（相手のペース）に合わせていきます。「長時間座ってしまった」など、さまざまな「自然な経験」を増やしていくことで、気がついた頃にはユアペースで自然な「集団行動」ができるようになっているんです。

大川　これを繰り返すことで適応力がつくということですね。

白井　重度障がい者が何でも楽しく自由にできたら一番いいのですが、それは現実的に難しいんです。適応力を初めから求めることは難しいので、適応力の原点となるように、静と動を繰り返しながら集団活動を通して、適応力向上を目指していきます。

大川　静と動の訓練で失敗することもあるんでしょうか。

白井　ありますが、それは私どものスキルが足りないということです。そもそも、なんでも「自由」と言っていいのでしょうか。「本人が部屋にいたいと言っている」ことを理由にスタッフが何も関わらないことが本当に「自由」なのでしょうか。それは自由ではなく「放置」だと思います。その結果どうなるかといえば、親が年を取った時に本人が自立できなくなってしまいます。

大川　誰ともコミュニケーションを取れていないことが怒りや暴れるといった行動につながっているのかもしれませんね。一人でいたとしても、植物を育てたり、本を読んだりすることで他者との関わりが生まれます。人間は他者との関わりがあることで自由を感じられるのではないかと自分は思っています。

白井 他者と関わっているかどうかは大きいかもしれません。私たちには「社会的自立をサポートする」という明確なテーマがありますが、この感覚をつかむまでには時間がかかりました。「本人のため」と言いながら施設で放置しているだけでは、何か問題が起きた時に「うちでは看られません」となってしまうんです。

大川 病院に送られ、行動を制御するために薬漬けにされたりしてしまうこともあるようですね。

白井 もちろん大変なリスクはありますが、どんな方でも受け入れるのが施設の役割です。何が人のためになっているかを考える時には、「自立度」が公平な視点です。「面倒を見てあげた」というのは自己満足に偏り過ぎている気がします。

注

5 コロロメソッドとは、言語認知能力の偏りのため、集団の適応できないなどの問題を抱える子どもの社会適応を目指した教育システムプログラム。発達障がい児者向けの基礎トレーニングとして、特に歩行トレーニングは、基本課題のひとつで、みんな（集団）とペースを合わせて歩くことで、体幹バランスや身体感覚を鍛えて、認知発達を促し、集団適応力や持続力などを養うことを目的としている。

6 「発達障がい」はいくつかの障がいの総称。ASD（自閉症スペクトラム障がい）、ADHD（注意欠如・多動性障がい）、LD（学習障がい）など。発達に偏りがあり、さまざまな個性的な特徴を持つ。知的な遅れがある場合もあるが、まったくない場合もある。

7 ADHD（注意欠如・多動性障がい）は、一つのことに集中できない、じっとしていられないなどの特徴がある。

国や自治体の補助金を受けなくても施設を作る理由

大川　茶の花福祉会では、国や自治体の補助金をもらわずに施設を作ることもあるそうですね。

高橋　法人の事業所は37ヵ所あります。その内訳として、国の補助金を活用しているのが10ヵ所で、自己資金のみで開設したのが27ヵ所です。

大川　なぜもらわないのでしょうか。

高橋　補助金をもらうと、作るのに3年くらいかかってしまうからです。補助金をもらうために土地の選定をして行政に申請すると、内示が出るまでに1年近くかかります。そこから建設すると、さらに2年かかる。ここまで時間がかかると、その間に希望者がよそに行ってしまいます。3年も待たせるわけにはいかないので、とにかく作っちゃえということで作っています。でも、借金は増えますね。効率よく運営できるように補助金なしで施設を作っていったら数が増えてしまいました。

大川　補助金をもらうのにそんなに時間がかかるんですね。コロナでも補助金を申請した人はたくさんいましたが、もらう前に倒れてしまうとみんな言っていました。1ヵ所の施設を作るのにはいくらくらいかかるものなんでしょうか。

高橋　補助金込みになりますが、一番高かったのは「大樹の家」ですね。9億円かかったんじゃなかったかな。「大樹の郷《くに》」も補助金をもらっていません。借金も多いのですが、一つの施設がしっかりしていれば返済は楽です。

大川　強度行動障がいだった方が施設に入ったら落ち着いて、区分5から区分4になることもあると聞きました。そうすると介護給付費が減ってしまうと聞いたのですが、それは本当ですか。

高橋　はい、でも本当はそれをやってはいけないのです。支援によって区分が下がるというのは、その支援がよかったということですよ。本来はそこを認めないといけないのですが、審査する障がい程度区分審査会[8]にはなかなかその辺がわからないのですね。審査会では公平に先入観が入らないように、名前が隠されて生年月日だけで出てきます。資料だけでは、こうした区分変更に気づくのがなかなか難しい状況です。

大川　この区分変更はおかしい、という申し出がしにくくなっているんですね。

高橋　おとなしくなったからそれでいいということではありません。本来の区分の考え方でいけば、支援によってよくなったものは、支援に効果があるということです。区分を変更して支援をやめてしまえば、また元に戻ってしまいます。

大川　むしろ効果のあった施設にはボーナスを支給してもいいのではないでしょうか。消火器を振り回していたような人が、普通に歩けるようになったり外出できるようになるのはすごいことだと思います。仮に区分が6から5になったとしても、介護給付費はそのまま払わなければいけないと国で決まってはいないのでしょうか。

高橋　決まっています。でも、それがなかなか市町村までくると通用しないんです。区分変更の知らせは3年に1回、一度に20〜30件出てきます。私も利用者全員を知っているわけではないので、把握するのに時間がかかります。しかし、最近はそういう

施設内で農園にもチャレンジしていた！

ことがあると、変更申請ということで申請し直しています。

大川 多くの施設を運営していることによるスケールメリットはありますか。

高橋 あります。利用者さんが年を取ってきて体が動かなくなってくると身体的な障がいが出てきます。そうすると、身体的障がい者主体の施設に行ったほうが介護しやすくなります。知的障がい者の方々の利用希望者は多いので、空きが出れば次の人が入ってこられるようになります。また、うちのほとんどの作業所では給食に使えるようなものを作っているので最低限の売上はあります。それもスケールメリットですね。

大川 入所施設でも年齢が65歳以上になると介護施設に行かなければならない決まりがありますね。

高橋 環境が変わる場合には、新しい場所に知っている職員がいたほうが安定します。職員は異動するので、どの施設にも一人ぐらいは利用者さんを知っている人がいます。

白井 1ヵ所にあまり長くいると視点が凝り固まってしまうので、職員には人事異動をしてもらっています。身体障がい者の施設に行ったり、知的障がい者の施設に行ったり、作業所に行ったりします。職員の中には「1ヵ所に長くいたほうが経験を積めていい」と言う人もいるので不満もあります。でも、利用者の視点では違います。年齢や体の状態によって施設を移ったほうがいいとなった場合、何十年もいたところから離れて新しい生活環境に移るわけです。その時に「あそこの施設なら友だちがいる」というのはとても大切なことだと思います。

大川　それはめちゃくちゃ大きいと思います。

白井　現場の人間は日々の業務に没頭していると、「どういうサービスを提供するか」に目が行きがちです。「新しい環境に利用者さんの友だちがいるかいないか」には意外と目がいきません。その時に「あそこに誰か友だちはいるかな」「○○さんがいるよ」とわかれば「それなら安心だ」となります。保護者にも「○○さんが新しい施設にいるので安心だと思います」と話すと、「それなら安心だ」となります。茶の花福祉会の中でいろんな職場を経験できることもスケールメリットの一つですね。

注
8　障がい程度区分審査会とは、障がい者などの福祉サービスの必要性を検討するために、障がい者などの心身の状態を総合的に示す指標である障がい支援区分を審査判定する市町村単位の附属機関。審査会の委員は、障がい者の保健、福祉に関する学識経験がある人から、市長が任命する。

国の自立支援に求めること

大川　今後、国の自立支援はどのような方向でやっていくべきだとお考えですか。

高橋　普通に「福祉の仕事とは何だろう」ということを考えてやってくれればいいと思っています。重い人も軽い人も平等に受け入れるようにすれば、それぞれの施設が楽しくなってくると思いますよ。重い人を受け入れて、その変化がわかるくらい楽しいことはありませんよ。軽い人だけ取っていても苦労がない。苦労があるから楽しいこともあります。重いからこそ「こんなに変わった」という楽しみがあります。

大川　芸人が育っていくみたいな感じでしょうか。それは確かに楽しいですね。

高橋　どこでも重い人を受け入れるような法律になってくればいいのですが、なかなかそうはなりませんね。職員が強度行動障がいの研修を受けないと加算が取れないという決まりもあります。

白井　研修を受けたスタッフ1人に対して利用者5人まで加算が取れるというのが今の決まりです。

高橋　研修を受けて強度行動障がいの人を受け入れられるようになると、重い行動障がいではないのに申請して加算だけもらう施設も出てくるわけです。研修を受けただけで行動障がいのことができるようになる人なんて、たぶんいないと思います。

大川　絶対に無理だと思いますね。

高橋　うちも補助金をもらわなければいけないから、背に腹はかえらえません。10人くらいの職員がオンラインで行動障がいの研修を受けました。そして、実際に多くの重度障がい者の方を受け入れています。こんなことができる施設は他にありません。

大川　今は知的障がい者を地域に戻そうという方向になっていますが、戻された地域やご家族は大変な思いをしています。地域に戻したからといって充実した作業があるわけではないし、利用者さんにとってもメリットは少ないのに、施設に入れると「閉じ込めるな」とも言われます。自分は逆に地域の人たちがボランティアでも何でもいいから施設に入って関わったらいいじゃないかと思っています。茶の花福祉会では「８０５０問題」についてはどのようにお考えですか。

高橋　「共生社会」という言葉がありますよね。みんなが一緒に生活するという、すごくよい言葉です。それではなぜ、幼稚園、小学校、中学校と年齢が上がるたびに障がい者を分けてしまうのでしょうか。私が子どもの頃にはダウン症の子もいて野球を一緒にやっていました。ダウン症の子はなかなか打てないので三振のないルールでやっていたし、守備はポジションを増やして一緒に遊んでいました。昔のほうが「共生社会」だったように思います。

大川　自分の時代もそうでした。

高橋　ところが今は中学に上がった時には障がい者はいません。今はそういう人がクラスにいると学力が下がってしまうとか何とか言ってどんどん分けてしまうのです。つまり、実際には共生社会ではない。それなのに高校を出たら急に「共生社会だから」と言われても、その状態を経験している人は誰もいないんです。なぜそういう状態で「共生社会」という言葉を使うのでしょうか。偉い人が考えることはよくわかりませんね。

大川 地域に戻しても、両親が亡くなった後に知的障がい者が孤独死されている現実[9]があります。

高橋 本来はグループホームなどで受け入れればいいのだと思います。世話人さんが何人かを看る。個室でちゃんとやっていけばいいと思います。

注

9 2012年、札幌で起きた姉妹の孤立死は、同居していた二人姉妹のうち姉が病死し、次いで知的障がい者の妹が凍死した事件。発見時、妹の遺体はやせ細り、胃の中は空だった。自宅のガスは停止しており、通帳残高は3円だった。この事件のように、知的障がい者が支援につながることができずに亡くなるケースを指している。

困っている人を支える仕事

大川 福祉の世界を目指す若者たちに変化は感じますか。障がい者との接点が少ない人たちが多いので、最初は知識から入っていくしかないとは思いますが。

白井 資格などに固執すると考え方が固まってしまうので、資格はあってもなくてもいいと思います。福祉というのは生活をサポートするだけなので、あまり難しく考える必要はないと思いますね。福祉というと「良いことをしている」と大きく見せたくなりがちですが、理事長はつねづね、「福祉とは普通のことを普通に行うこと」「困っている人がいるんだから受け入れればいい。困っていることをどう支えるかを考えればいい」と言っています。私もそのとおりだと思っています。

取材後記

☑ 暮らす　□ 楽しむ　□ 働く

若い女性職員に、自分よりも大柄で力の強い男性の利用者さんがいる中で、どうやって「他害《たがい》行為」に対応しているのか、「怖くないのか?」など聞いてみた。

通常、強度行動障がいのある人を受け入れる施設では、男性職員が力で抑えつける。すると、利用者さん側も男性の姿を見るだけで身構え、防御態勢や攻撃態勢を取る。しかし、女性職員は、決して力で抑えつけることはしないし、できない。それが読み取れるので、利用者さんも防御態勢をとらない。だから、実は女性のほうが向いていて、いざという時に男性職員が助けるなどの連携をするのがいいと話してくれた。

もちろん殴られたり、物を投げられたりもしている。そんなときも「殴られたのは自分の何が悪かったのかと原因を探します」と言う。「マザーテレサか!」とついツッコミを入れてしまったくらいだ。すごい、すごすぎる。

茶の花福祉会では、利用者が手をつないで散歩をしている。強度行動障がいの人もだ。訓練はあるが、強制的な関わりにならないようにしなければ本人の成長につながらない。みんなが楽しそうに歩いているのを見て「自分も手をつないで楽しく散歩したい」と自然に思ってくれる、そのタイミングを逃さないようにするらしい。職員さんは簡単に言うけれど、めちゃくちゃ大変だと思う。

「モチベーションは何ですか?」と聞くと、それまで暴れていた強度行動障がいの人が散歩や行事に参加するようになると、他の利用者さんが「うまくいったね」とほめてくれる。強度行動障がいの方は繊細だからこそ、暴れてしまう人がいる。なので、女性職員の表情、空気をよく見て、元気がない時は励ましてくれるそうだ。すると他の職員の方が、「普通に女性が好きな利用者さんなんですよ。そういうの抜群に上手いんです(笑)」とツッコミを入れ、全員で爆笑。この雰囲気が利用者さんにも伝わるのではないかと改めて思った。お笑いっていいな、仕事としてやってよかったと元気をもらった。

2 楽しむ

性教育は人権教育

斎藤利之×大川豊

斎藤利之

知的障がい者スポーツの団体で子どもたちの指導をする斎藤利之さんに、
心と身体についてどのように教えているのか、話を聞いた

Profile

斎藤利之　さいとう・としゆき

1974年、静岡県浜松市出身。一般社団法人全日本知的障がい者スポーツ協会ANiSA会長、公益社団法人日本発達障害連盟理事、保護司。専門は、学校保健・国際保健・障がい者スポーツ・高齢者スポーツなど。

知的障がい者を取り巻くスポーツ環境

大川 斎藤さんの専門は知的障がい者スポーツと性教育ということで、まずはスポーツについてうかがいます。自分の時代はまだ学校に特殊学級があって、今と比べると知的障がい者との交流があったように思います。でも、今の学校現場では距離があります。東京オリンピック・パラリンピック2020（2021年実施）[1]で初めて知的障がいを持った方のスポーツを見た人も多いのではないでしょうか。

斎藤 そうですよね。パラリンピックを見ても、知的障がいのアスリートがどれだけ出ているのかはほとんど知られていません。

大川 なんか「言っちゃいけないのかな」みたいな雰囲気がありますよね。

斎藤 パラリンピック東京大会には全体で4400人のアスリートが参加しましたが、知的障がいの選手はすべての競技に出られるわけではありません。知的障がいの選手が出られるのは陸上競技、水泳、卓球の3競技に限られています。

大川 意外と少ないですね。選手層が薄いのでしょうか？

斎藤 いいえ。2000年に行われたシドニー大会で、知的障がい者のふりをして競技に出た選手がいて大問題になりました[2]。そこから競技種目が減りました。参加種目は国際パラリンピック委員会（IPC）が決めていますが、陸上競技でいえば、400m走、1500m走、走り幅跳び、砲丸投げです。パラリンピックは公平性を担保するために障がいの度合いによって細かくクラス分けしているため、100m走でも16個金メダルがあります。パラリンピック全体の金メダルは539個ですが、知的障がい者はカテゴリーが1つしかないため、3競技で21個の金メダルを120人で争います。

大川　知的障がいはIQでみると、最重度、重度、中等度、軽度という区分がありますよね。そこで分かれているものだと思っていましたが、パラリンピックではひとくくりになるんですか。

斎藤　はい。知的障がいのカテゴリーでパラリンピックに出ている選手は多くが軽度の知的障がい者です。そこに医科学的にも筋力に大きな差があるダウン症の方も入っています。正直なところ、ダウン症の方はかなり厳しいです。

大川　補助器具があった上での競技があってもいいんじゃないかなと思いますね。

斎藤　おっしゃる通りです。今は公平性が担保できていません。私自身はダウン症のカテゴリーがパラリンピックにないのは不公平だと考えています。だからなんとかそういうカテゴリーを作りたいということで、「一般社団法人全日本知的障がい者スポーツ協会（A

NiSA）」[3]を作りました。現在は日本における知的障がい者スポーツ団体（13団体：JPSA登録）を統括し、連携・協力しながら国内外のスポーツ振興に努めています。

大川　国際的な組織とも連携しているのでしょうか。

斎藤　世界的な組織である「国際知的障がい者スポーツ連盟（Virtus＝バータス）」[4]と連携して、知的障がい者だけの国際大会に選手を派遣しております。２０１９年のグローバル大会からは、知的障がい、ダウン症、自閉症の３つのカテゴリーを用意しました。実際に大会を開くことで克服すべき課題も見えてくるんですね。グローバル大会は４年に一度行われています。２０２２年11月にはオーストラリアのブリスベンで行われ、私は団長として参加しました。

大川　その大会はスペシャルオリンピックス[5]とは違うんでしょうか。

斎藤　バータスもスペシャルオリンピックスも「知的障がい者を対象とするスポーツ」を啓蒙する団体です。対象者

ANiSAは国際大会にもアスリートを派遣している

は知的障がい者で一緒ですが、目指すところに大きな違いがあります。バータスに登録・加盟している選手はパラリンピックへの道が用意されていますが、スペシャルオリンピックスにだけ登録している選手はスポーツを楽しむことに重きを置いています。つまり、チャンピオンシップにはこだわりません。大会もスペシャルオリンピックス独自の大会だけになります。

大川　てっきり連携しているのだと思っていました。

斎藤　具体的な違いをわかりやすく説明します。たとえば100m走を6人でやるとき、バータスの大会はヨーイドンで全員走って1位から6位までを決めます。スペシャルオリンピックスの場合は3人の組を2つ作って1位から3位を決め、それぞれにメダルをあげます。8人だったら4個にして、4人目になった子たちにはリボンなどをあげます。がんばりそのものを理解しようというものです。

大川　でもみんな、「トップを目指したい」という気持ちはありますよね。

斎藤　ここはちょっと考え方が難しいところですね。トップを目指したい人と思う方もいれば、楽しめればいいという方もいます。社会の側がしなければならないのは、どちらの思いにも応えられる受け皿を作ることです。選ぶのは本人でいいと思いますし、両方に加盟している方もいます。

大川　最初はやること自体が楽しかった方も、さらに上を目指したいという気持ちが芽生えることもありますからね。

斎藤　心理学の世界でいうと、マズローの5段階欲求ですね。経験を積んでいくと、だんだん認められたいという承認欲求が出てきます。それはとても大事なことで、認められたい、上に行きたいという感覚は誰もが持っています。

大川　知的障がい者だから、じゃないんですよね。

注

1　パラリンピック2020（2021年実施）は、2021年8月24日から9月5日の13日間開催された国際競技大会。161ヵ国の国と地域が参加し、22競技が実施された。日本人の選手は254人が参加。最多メダル獲得国は中国で、207個。日本は11位で51個のメダルを獲得した。

2　スペインが知的障がい者のバスケットボールチームに健常者選手を潜り込ませて金メダルを獲得していたことが露見した事件。

3　日本国内の知的障がい児、知的障がい者のためのスポーツ団体。競技力向上のための環境整備、スポーツ大会への選手派遣、指導者の育成、障がい特性にあったプログラム作りなど活動は多岐にわたる。

4　1986年に設立された組織。知的障がい、自閉症、ダウン症の選手のためのスポーツを推進している。

5　知的障がいのある人たちにさまざまなスポーツトレーニングと、その成果の発表の場である競技会を、年間を通じ提供している国際的なスポーツ組織。非営利活動で、ボランティアと寄付によって運営している。

パラリンピックを目指したい人にはAN・iSAがある

斎藤　上を目指そうと思う子たちに、社会がどのような場を提供できるのか。そこはわれわれがかんばるべきところです。せっかく「上を目指したい」と思ってくれても、受け皿がなければできません。僕が(独)日本スポーツ振興センターを辞めてまでAN・iSAを始めたのはそのためです。肢体不自由な選手は自ら声を上げることができますが、知的障がい者は自ら発信することが難しい。金メダルを取っても、本人がテレビに出てちゃんと喋れないこともあります。メディアも腫れ物に触れるような感じで、出していいのかな、みたいな迷いもある。つまり、知的障がい者の発信力はまだまだ弱いんです。しかも知的障がい者スポーツの場合、コーチもほとんどが現職の特別支援学校の先生やOBです。

大川　プロのスポーツ指導者というわけではないんですね。

斎藤　特別支援学校を卒業してしまうと、知的障がい者の子どもたちが社会の中でスポーツをできる環境はほとんどありません。周りから「怖い」と言われて体育館を貸してくれないこともありました。そうすると特別支援学校の体育館を使わざるをえません。地域の特別支援学校の熱心な先生が、バスケ、サッカー、卓球などをうちでやりなさいと言ってくれて、それが大きくなってきたのが今の知的障がい者スポーツの原型です。たまたまそういう環境にいた子は先生の下で教えてもらえますが、なかなかみんなが平等に享受できているわけではありません。われわれはそこをしっかり提供したい。

大川　素晴らしい取り組みだと思います。

斎藤　たとえば地方に住んでいる知的障がい者の親御さんがいるとします。子どもにスポーツをさせたいなと思ったとき、何から始めたらいいと思いますか。

大川　まったくわからないですよね。

斎藤　どこに連絡すればいいかもわからないですよね。それが一番の問題だと僕は思うんです。でも、ＡＮｉＳＡのような組織があれば、名前で見つけてもらえます。協会自体に選手はいないけれど、サッカーやバスケや陸上競技や水泳、卓球など、13の日本パラスポーツ協会（ＪＰＳＡ）登録団体を統括しています。やりたいスポーツに応じて近所の団体を紹介することができます。

大川　知的障がい者の施設でも、利用者さんにスポーツをやらせていいのかどうかわからないという状況が結構あるようです。

斎藤　知的障がいの場合、お医者様から止められていなければ大丈夫です。ただ、ダウン症の子の場合は首を亜脱臼する「すべり症」にだけは気をつけなければなりません。それ以外は、よほどの負荷をかけない限りは大丈夫ですね。

大川　それを聞いて安心しました。

斎藤　やらないからできないだけであって、やらせたらできると思います。施設の外にな
ぜ出さないかというと、まず安全を担保できないからですよね。でも人間って、赤ちゃんから大きくなるときに、そもそも安全なんて担保されていません。ヤカンを触ったら熱い。高いところから飛び降りたら痛い。失敗を重ねることで成長していきます。何もしないで囲ってしまうと、それ以上にはなりません。ここまで行けたら次、ここまできたら次という形で、失敗も含めて教えていくことが大事です。

大川　段階を踏んでいけば、できるようになるということですね。施設でスポーツにチャレンジしてもらいたいと考えた時はどうしたらいいのでしょうか。

斎藤　本格的にやりたいのであれば、まずはＡＮｉＳＡに連絡していただいて、そこから各加盟団体にアクセスしてもらうのがいいと思います。そこで登録をして、近いところに通っていただく。もう一つは、施設の中にスポーツができる環境を作っていただく方法があります。

大川　なるほど。

斎藤　私どもの傘下に加盟している団体は専門的に教えていますが、各連盟のコーチは現職の特別支援学校の先生が多くてプロのコーチはあまりいません。そのためコーチの派遣は難しいんです。現場に来てもらって、どういう練習をしているのか、練習メニューを勉強して持ち帰って、自分たちでアレンジするのが一番現実的かもしれません。

大川　重度の方々だと、まずスポーツに興味を持つかどうかもわかりません。そういう人たちに向けて、こうしたらいいというアドバイスはありますか。

斎藤　重度も軽度もまったく同じです。ボッチャ[6]も含めてですが、「できた」という成功体験を積み上げていくことが大事だと思います。そうすると人間はセロトニンのような幸せのホルモンが出ます。そうすると免疫力も上がってくるんですね。できることをちゃんと褒めてあげる。指導者がそういう力を持つことが大切です。それともう一つ。親亡き後の問題とも関係してきますが、親はいつか死に、子どもは残ります。

大川　親御さんにとってはとても心配ですね。

斎藤　究極的に誰が面倒を見るかといえば、社会が面倒を見るしかありません。これは絶

ヴィシー 2023Virtusグローバルゲームスに PRESSとして参加

対そうあるべきです。よく言われる話として、たとえばダウン症の子が第一子で生まれたとします。二人目を産みますかという話なんですよ。

大川　これは難しい問いですね。

斎藤　親が死んでからは下の子が面倒を見るということになると、下の子は生まれながらにして背負うことになります。これって正しいことなんでしょうか。もちろん、いろんな葛藤があると思いますし、親が出した答えはどちらも正しいと思います。しかし、自分たちがいなくなった後の心配を根底から解消するのは社会しかありません。

大川　まったくそのとおりだと思います。

斎藤　近年、知的障がいを持つ子たちがなかなか社会に出ていけない状況は変わってきています。理由の一つとしては、手帳の数がものすごく増えているんですね。

大川　たしかに増えました。

斎藤　今、3つの障がい（身体、精神、知的）の中での進捗率でいうと、知的障がいが圧倒的に上がってきています。知的障がいの方が外に出てくる世の中になれば、いいこともある。特徴を持った子たちがいることを社会が理解すれば、外に出て危険な目に合いそうになったときに声をかけることもできます。知的障がいの子は常同運動[7]といってジャンプしたりします。関わったことがないと、「怖い」とか「気持ち悪い」と思う人もいます。でも、普段から見かけるようになれば「あの子は知的障がいなのかな、必要だったら支援してあげようかな」となるはずです。

大川 普通に施設の外に買い物に行ったり、自分が好きなスポーツをしたりと、本当にいろんな活動をしてほしいですね。

斎藤 誰しも人間らしく生きる権利がありますからね。

注

6 ボッチャは、重度の脳性まひ者もしくは四肢重度機能障がい者のために考案されたスポーツ。ジャックボールというボールに向かってボールを近づけていくゲームで、投げる・転がす・蹴るなどの方法は競技者が決めることができる。投げることが難しい場合にも、専用の器具をつかって参加することができる。

7 常同運動とは、障がい児・者にみられる、外からは意図がわからない、繰り返しおこなわれる行動のこと。体を前後にゆする、自分の体をたたいたりつねったりする、同じ場所をうろうろするなどのパターンがある。

知的障がい者の性教育はどうなっているか

大川 ここからは斎藤さんのもう一つの専門である性教育についてうかがいます。今、知的障がい者への性教育はどうなっているんでしょうか。

斎藤 2003年に七生養護学校事件[8]がありました。東京都に関しては、その時期から10

数年は触れない感じになっています。これは「性教育をやらない」ということではなく、あまり深入りしないという意味です。当時、われわれ研究者が実態調査の申し込みをしても断られましたし、アンケートにも答えてもらえませんでした。教育現場での性教育の実態が論文などで出てしまうと、保護者や教育委員会からの批判があるかもしれないと危惧しているようです。

大川　現場が萎縮してしまっているんですか。

斎藤　今は時代がちょっと変わってきています。現場の先生方が性教育をものすごく大切なものだと思っていることは間違いありません。私も知的障がい者の性教育はとても大切だと思ってます。たとえば性犯罪の意味を学んでもらいたい。風俗で働くこと自体は犯罪ではありませんが、そこで働かせられて搾取されてしまうことの意味を知ってもらう。また、いわゆる露出とか、触ってしまうとか、犯罪行為についてもきちんと教えてほしいと思います。日本の刑務所には累犯障がい者[9]が一定数いて、性犯罪をおかしてしまう人もいます。性犯罪は根が深いところがあるので、刑務所ではすごく丁寧に長い期間をかけて指導をしていると聞きました。

大川　被害者にも加害者にもならないための性教育が必要ということですね。

斎藤　軽度の知的障がい者の女の子は見た目が一般の子と全然変わりません。そういう女の子は小さい頃から「これをしてはいけない」とか「これをしなさい」と常に指示をされて成長します。だから高校を卒業して歓楽街に行くと、いわゆる反社会的勢力の方々に搾取されるケースがあるんです。風俗に入って「おっぱい大きいね」とか「かわいいね」と言われると、今まで褒められた経験がすくないからすごく嬉しいわけですよ。

大川 そういう事例は何度か聞いたことがあります。

斎藤 要は自分が認められるわけですよね。そうすると、自分はこのままでいいんだとか、やればできるんだっていう気持ちが芽生える。自己肯定感や自己効力感ですね。悪い人の中にはこうした感情を巧みに利用して知的障がい者を搾取するケースがあります。望まない妊娠をしてしまうこともあります。だから性教育は特別支援学級・学校含めてやらなきゃいけないと思います。

大川 家族で性教育の話をするのにいいタイミングはあるんでしょうか。

斎藤 家庭内であれば、第二次性徴期ですね。だいたい小学校5、6年生のタイミング。女の子であれば少し胸が大きくなる時期、男の子であれば陰毛が濃くなって夢精がはじまるくらいの時期です。

大川 われわれの世代はエッチな本を自販機で買っていましたが、今はインターネットで無料でいっぱい見られます。性に関する情報の氾濫は止めようがないですね。

斎藤　だからこそ、ちゃんとした性教育が必要なんです。僕自身は「それをやめろ」と言うことよりも、「何がいけないかを自分でちゃんと理解する」ことが必要だと思っています。それは健常者の子も知的障がいの子も一緒で、自分の行動がもたらす未来を教えることです。

大川　海外ではどのように教えているのでしょうか。

斎藤　私は性教育が進んでいるイギリスにも行きましたが、イギリスではＬＧＢＴについても教えていました。日本ではようやく「男女の距離感」について教えるようになってきたところですから、大きな差があります。

大川　すごい。世界の性教育は進化していますね！

斎藤　教え方も興味深いですよ。イギリスではプロの脚本家が書いた台本をもとに、ロールプレイをしながらドラマ仕立てで教えて学校を回るんです。こうした人たちは「ドラマティーチャー」[10]と呼ばれます。

大川　学校演劇みたいに国内を回って教えるんですか。

斎藤　そうなんです。回って教えてくれて、教えた後には学校の先生にも「こういうポイントで教えています。学校ではこういうふうに教えていきましょう」と伝える。これをイメージアクションといいます。何が良いかというと、学校の先生はそれぞれ努力しているけれど、自分がやっていることが正しいかどうかが客観的にわからないんですね。それがプロの目が入ることにより客観的に評価できるようになります。

大川 イギリスには知的障がい者の性教育を行う専門家がいるんですね。

斎藤 知識の積み上げでスキルがある専門家が育つと、「わからない時はこの人に聞けばいい」となるわけです。ところが日本の場合、先生たちがケースバイケースで教えています。目の前の個別の話になるので、極めて属人的な指導になっています。

大川 以前、知的障がい者の親御さんから「うちの子がマスターベーションが止まらなくなりました」と相談されたことがあります。自分も性欲が強すぎて困っていたとき、せめて勉強と合体できないかと考え、日本史の年代とか英単語なんかを耳なし芳一のように股間に書いて、大きくならないと答えが見えないようにしたら、なぜか性欲のほうが落ち着いてきたということがありまして(笑)。これをネタとして雑誌の連載に書いたのですが、読んでくれていたようで「この人だったらいいアイデアをもらえるんじゃないか」と思ったそうです(笑)。

斎藤 性教育の相談って、みなさん真剣なんですよね。

大川 そうなんです。だから自分も調べました。「風俗にいくのはどうかなあ」とか、本当に迷いました。もし専門家に指導してもらえるなら、学校の先生もやりやすいと思います。

教材の作り方も教えてもらえるだろうし、困ったら聞ける窓口にもなる。この取り組みが日本全国に広がるといいですよね。日本にはイギリスのようなプロの方たちはいないんですか？

斎藤　性教育を考える会のような形で活動しているところはたくさんあります。ただ、講演で来て話をすることはあっても、学校教育の中のシステムとしては機能していません。だから親御さんはすごく悩まれます。特にマスターベーションに関する悩みは非常に多いです。これは、母親と息子、父親と娘という異性の親子関係だとなかなか教えられないんですよね。基本的には「いいことと悪いことはちゃんと説明をして、駄目なことは駄目と何度も言う」しかありません。昔は教材がなくて悩む先生が多くいましたが、今はそれぞれの先生が工夫して教材を作っています。しかし、今度は別の問題も起きています。東京・大阪などの大都市圏では、特別支援学校へ進学する児童生徒が非常に多くなってきています。

大川　「待機特別支援学校」みたいな感じになっちゃっているんですか？

斎藤　そうですね。特に発達障がいのお子さんの割合が多くなり、飽和状態です。それだけ世の中に多様性が増えてきたということです。昔は「教える教材がないから大変だ」というスタンスでしたが、「今は何をどう教えたらいいのか」になっています。これが本当に難しい。ある特別支援学校の先生は、男の子が授業中も自分の性器を触ってしまうのをどう指導したかというと、部屋を用意して「スッキリするまでそこでしてなさい」と言ったというんです。

大川 現場ではそういう対処もあるんですね。

斎藤 僕はこの教え方には否定的とまでは言えませんが、とても難しいと思っています。「いつしていいのか」「どこでしていいのか」をちゃんと教えないとダメだと思うんです。たとえば「家の中でもリビングは駄目だよ。自分の部屋ならいいよ」と教える。そこを間違えてしまうと、「先生がしていいよって言ってくれたから」となっちゃうんです。

大川 特別支援学校で自由な感じで学んでしまうと、施設に来たときに「これは駄目だよ」という線引きがわからなくて苦労すると聞いています。

斎藤 「すっきりして症状がなくなればいい」と先生も本人も思ってしまうのは駄目ですよね。僕は基本的に学校ではNGだと思っていますが、「少なくとも場所はしっかりわきまえる」という指導をしなければいけません。たとえば特別支援学校だとバスがありますよね。バスの中でしちゃうこともよくあるんです。

大川 親御さんも困っちゃいますよね、家でも自由にされちゃうから。

斎藤 もう一つ存在しているのは家族の問題です。自分の息子がマスターベーションなどの性に興味が強すぎることを心配した母親が射精の手伝いをするケースも結構あります。

親御さんにしてみれば真剣な悩みで「他でやるよりは自分が受け口になっておさまるなら」という気持ちもわかります。しかし、私は間違った解釈だと思います。人権を無視した虐待だと思います。

大川　お母さんもそこまで背負い込んでいるというのもありますよね。

斎藤　ただ、性教育は「同性から指導を受ける」ことも大事なんです。

大川　それはどういうことでしょうか。

斎藤　僕の実感として、往々にして、お母さんが1人でがんばって育てていて、お父さんが子育てに参加しないケースも多い。ただ、異性の保護者が指導することには問題もあります。これは保護者からの指摘で気づいたのですが、もし父親が生理用ナプキンの使い方を娘に教えた場合、おそらく子どもは受け入れます。しかし、これが何を意味するかというと、「異性に対しての距離感」が変わってくるんです。「男性でも優しい人はこういうことを私に対してやってくれるんだ」という感覚になる。つまり、異性という部分のバリアが絶対的になくなります。これは母親が射精を手伝うのも同じロジックなんですよね。

大川　その距離感は大切ですね。親御さんへの教育も含めて、性教育キャラバン隊が全国を回るのがいい気がしますね。

斎藤　子どもに対しての支援も大切になりますし、親も教育を受ける必要があると思います。また、「学校ではこういう教育をしている」と親御さんに伝えて連携するべきです。特別支援学校の先生も、「これが正しいかどうか」がわからない状態でがんばっています。だからこそ情報共有して客観的に評価する仕組みがほしいですね。

大川　正しい性教育を受けると「自分の体を大切にする」意識が芽生えますからね。保健体育の先生のように性教育の専門の先生方が必要だと思います。

斎藤　そうですね。結局、性教育は人権教育なんです。

注

8　現在の東京都七生特別支援学校での性教育の授業内容が不適切だとし、都議会で批判されたのち、都議が学校から性教育の教材を持ち去るなどした事件。後日、教員らが処分される。都議による誤った現場理解、性教育への無知によるものであったとし、教員・保護者は裁判を起こしている。

9　「累犯障がい者」とは、元衆議院議員の山本《やまもと》 譲司《じょうじ》 さんの書籍『累犯障害者』（新潮社、２００６年）で一躍有名になった造語。軽微な罪を何度も犯し、何度も刑務所に入る知的障がい者のこと。福祉のセーフティネットやケアからもれてしまうといった背景がある。

10　教育で、演劇の手法をつかうこと。その指導者を指す。

取材後記

□暮らす　☑楽しむ　□働く

この取材後、縁あってANiSAのアンバサダーに就任した。そこで2023年6月には、フランスで開かれた知的障がい者スポーツの世界大会「ヴィシー2023 Virtusグローバルゲームズ」を現地に行って取材することにした。

実際に世界レベルの競技を見て驚いた。特に「ダウン症カテゴリー」のレベルがすごい。ダウン症の方は心臓疾患や内臓疾患を同時に抱えている人も多く、なかなかスポーツ参加ができなかったり、周囲から止められることが多いと聞いていた。首の「すわり」の問題もあり、柔道などの競技も難しいと言われている。今回初めて見たので心配していたが、陸上競技がめちゃくちゃ速い！　やり投げも砲丸投げもフォームがきれいでレベルが高い。日本の陸上、卓球のコーチも世界のダウン症アスリートの活躍を見てびっくりしていたくらいだ。

実はパラリンピックで認められている競技は、水泳、卓球、陸上の3競技しかない。これは、本文でも紹介したように過去、海外チームで健常者を出場させて金メダルを獲ってしまった事件があったからだ。それ以降、IOCは知的障がい者スポーツ選手を出場できなくしてしまった。Virtusグローバルゲームズではきちんと厳しい医師の認定を受けて、やっと3競技出場が認められるようになった。

ヨーロッパのダウン症の選手に聞くと、体が弱いので医師や先生の指導の下、スポーツにチャレンジしているそうだ。それが今やっている仕事などのモチベーションになるし、なんといっても恋愛にもつながる！　と笑いも入れて話してくれた。とにかく明るいんだよ。メダルを獲るたびにわざわざ自分のところに走って見せに来てくれる選手もいたくらいだ。

日本ではどうしても怪我をさせてはいけないという意識があり、積極的にスポーツ参加できない状況がある。医師、コーチは初めから怖がらず、選手の障がい特性にあわせて指導しながら、スポーツに挑戦してほしいと思う。

特別なことはしなくていい。障がい者スポーツを支える健常者の役割

峰岸和弘×大川 豊

峰岸和弘

地域の人と障がい者がスポーツを楽しむ場を作る
スペシャルオリンピックス日本・東京に話を聞いた

Profile

峰岸和弘　みねぎし・かずひろ

1959年、東京都出身。スペシャルオリンピックス日本・東京専務理事、広報部会長を務める。

スペシャルオリンピックスとは

大川 まずはスペシャルオリンピックス[1]について教えてください。

峰岸 知的障がいのある人たちに年間を通じてさまざまなスポーツトレーニングを提供している国際的なスポーツ組織です。競技会は継続的なトレーニングの成果を発表する場という位置づけで、オリンピックと同様に世界大会(夏季・冬季)が4年ごとに開かれています。私たちは知的障がいのある人たちを「アスリート」と呼んでいます。

大川 どんな種目があるのでしょうか。

峰岸 夏季であれば、ボウリング、バスケットボール、競泳、陸上競技、サッカー、体操競技、卓球、テニス、バドミントン、バレーボール、競技チアなどがあります。冬季はアルペンスキー、フィギュアスケート、スピードスケート、フロアホッケーです。世界的にはオリンピック競技に準じた32のスポーツを提供していて、ルールの基本も国際ルールです。東京のアスリートのなかには2〜3の競技をかけもちして参加する人もいます。正式な競技ではありませんが、機能開発(MDP)というプログラムもあります。

大川 機能開発というのは聞き慣れない言葉ですが、どんなものですか?

峰岸　主に小学生を対象にしたプログラムです。ルールのあるスポーツに入り込めない人たちとコミュニケーションを取りながら、決まりごとを守って体を動かします。

大川　具体的にはどんなことをするのでしょうか。

峰岸　みんなで集まってそれぞれの話を聞くというのもプログラムのひとつです。そこから「ここではボールを蹴飛ばしてみましょう」「ここではボールを投げてみましょう」「ここではでんぐり返しをしましょう」というようなサーキットトレーニングに発展させていきます。椅子取りゲームなどもしています。

大川　これはスペシャルオリンピックス日本・東京のオリジナルですか？

峰岸　ＭＤＰという形でやっているのは東京だけです。運動をする習慣は小さい頃から身につけたほうがよいので、世界的には2～7歳向けの「ヤングアスリート」というプログラムもあります。また東京では、合唱や絵画、木彫りなどの文化活動も行っています。

大川　文化プログラムには文化祭のような発表の場があるのでしょうか。

峰岸　はい。文化プログラムは2年に1回の合同発表会があります。２０２１年はコロナの影響でオンライン発表会になりましたが、それ以前は代々木のオリンピックセンターのホールとロビーで作品展示をやっていました。合唱やダンスは舞台上で発表し、絵画と木彫りは作品展示する形です。木彫りは仏師の方が実際に会場に来てくださって、とても人気がありました。

大川　そもそもスペシャルオリンピックスの始まりはアメリカなんですよね。日本ではいつ頃から活動しているのでしょうか。

峰岸　もともとは1962年に、アメリカでジョン・F・ケネディ元大統領の妹であるユニス・シュライバー[2]が始めました。日本でも1980年頃に全国規模の競技会を開催する形で取り組まれたのですが、この時はなかなか続かずに一度途絶えてしまったんです。

大川　再開されたきっかけはなんだったのでしょうか。

峰岸　1993年に熊本県の女性がスペシャルオリンピックスの世界大会に出場することが決まったんです。それを知った細川護熙《ほそかわもりひろ》元首相（元熊本県知事）の妻・佳代子さんが、「日本でも始めよう」とまず熊本で活動をスタートさせました。これにつづき1994年には東京にも地区組織が創立されて、そこから全国に広がっていきました。現在、全国での登録アスリートは約8千人います。そのうち東京で登録しているアスリートは約1800人、登録認定コーチは約300人、登録ボランティアは2千人です。定期的にトレーニングに参加されているのはその半分くらいです。

大川　スペシャルオリンピックスとは別の組織である「国際知的障がい者スポーツ連盟（Virtus＝バータス）」の大会はかなり競技性が高いと聞きました。スペシャルオリンピックスの場合はどのような理念で運営されているのでしょうか。

峰岸　もちろん大会を開くことにも意味がありますが、それ以上に地域での継続的なスポーツトレーニングを充実させていくことを目指しています。スペシャルオリンピックスの目的は、すごい選手を育てることや、金メダリストを決めることではありません。知的障がい者と社会との接点を作って自立を目指すことです。

大川　スペシャルオリンピックスも、素晴らしい活動ですね。

峰岸　私たちの運営は善意の寄付とボランティアによって支えられています。私たちは認定NPO法人なので、ご寄付いただいた金額の約4割が所得税から差し引かれます。そして、ボランティアの中心は、これまで福祉とは関わりのなかった

スペシャルオリンピックス日本・東京の事務所にお邪魔した

人たちにどんどん担ってほしいという思いがあります。知的障がい者の方とスポーツを通じて接することで、その方たちが置かれている状況を知る機会になるからです。社会を変える、当事者も変わるという2つの目的があります。

大川　資料によると、2010年頃から参加者の数が増えていないように見えます。何か参加しづらくなっている要因があるのでしょうか。

峰岸　一緒に活動してくれるボランティアの数が増えないと、参加者の人数が増えても対応できないんです。それが大きな悩みですね。

大川　広報活動、啓蒙活動がより大切になってきますね。

峰岸　そうですね。主任コーチの数も増やしたいと考えています。行政の手続きが必要な場合は事務局が担いますが、体育館などの会場を確保するのは主任コーチの方にお願いしているものですから。

大川　コーチの負担は大きいですが、世の中には世話好きな人がいますからね。トレーニングをしていく中で、軽度の方が中度の方を教える、支えるというようなことはあるのでしょうか。

峰岸　キャリアのある人が入りたての人を教えることはあります。また、ある程度の年齢になったら審判にまわることもあります。これは普通のスポーツと変わりません。

大川　自分は刑務所にも行って話を聞いているのですが、刑務所に出たり入ったりを繰り返す人の中には軽度の知的障がい者の方もいらっしゃいます。そういう方から「健常者に騙された。もう二度と健常者に会いたくない。刑務所の方が良い」という話を聞いたことがあります。刑務所の外がつらいから、また罪を犯して刑務所に入ってしまう。そうした方たちにも社会との接点や訓練の場がほしいと思っていたので、このような機会があるのはすごくいいなと思いました。

峰岸　軽度の方はすごく割合が多いので、福祉の対象からこぼれてしまうことがよくあるんですよね。いじめにあったり、親が障がいを認めなかったり、いろんなことがあります。

大川　だからこそ、そういう方が活躍できる場が重要だと思います。

峰岸　スポーツを通して提供できれば最高ですね。これは一般の方も含めてですが、まずは私たちの説明会に来ていただくだけでも全然違ってくると思います。

注

1　アメリカで1968年に設立された団体。日本での活動の歴史は、1991年から始まる。知的障がいのある人たちにさまざまなスポーツトレーニングと、その成果の発表の場である競技会を、年間を通じ提供している国際的なスポーツ組織。非営利活動で、ボランティアと寄付によって運営している。詳しくは、SONのHPを参照。

2　ケネディ米大統領の妹で、スペシャルオリンピックスの創設者。知的障がいのある子どもたちの療育のために始めたスポーツプログラムが組織のはじまり。

アスリートとして参加するためには

大川　アスリートのみなさんはどういった形で参加すればよいのでしょうか。

峰岸　まずは健康診断書などの書類を提出してもらいます。それから月に2～3回開かれているオリエンテーション（スペシャルオリンピックスの説明会）に参加していただいた上で登録する流れです。今はコロナ禍でなかなか説明会が開けないので、説明会はオンラインで実施しています。

大川　都内での活動場所は何ヵ所ぐらいあるのでしょうか。

峰岸　活動は週に1～2回です。ボウリングとバスケットボールは参加人数が多いので、都内に7会場、卓球は5会場。陸上、競泳、サッカー、テニス、競技チアは2会場です。すべての会場をあわせると38になります。

大川　スポーツが知的障がい者に与える影響にはどんなものがあるのでしょうか。自分はいろんな施設にお邪魔していますが、知的障がい者の方々と交流すると、逆に自分の方が助けてもらったり元気をもらったりすることがよくあります。保護者の方から「うちの子は家では暴れてしまうことが多かったけれど、スポーツをやるようになってから健全になった」という話を聞くのも嬉しくなりますね。

峰岸　スポーツの良さはありますね。「今まで昼夜逆転の生活を送っていたけれど、トレーニングをするようになってから夜には疲れてゆっくり眠るようになり、生活が改善した」とか「発散する場があってよかった」というような話も聞いています。

大川　コミュニケーションが改善した例もありますか。

峰岸　あります。「大会に出た後には、次のトレーニングについて話をするようになった」という声をいただいています。

大川　特別支援学校の先生たちもスポーツを推奨しているのでしょうか。

峰岸　体育の授業があるので運動は重要視していますし、特別支援学校では全員が部活動をすることになっています。ただ、普通の学校でも問題になっているように、先生が忙しくて部活動に時間を割けない状態になっているんですよね。

大川　そうなんですよね。それにもまして難しいのが学校を卒業した後です。知的障がい者の保護者からは「学校を卒業してしまったらスポーツをする場所がない」という相談をよく受けています。

峰岸　サッカーやバスケットボールに関しては、地域にそういう場が結構あるんです。ただ、レベルがかなり高いチームだったりすると難しい。高校でやっていたけれど、社会に出たらやる場所がなかったり、あったとしてもレベルが高くてついていけなかったりするケースもあります。そうした人たちがスペシャルオリンピックスで活躍して、ある程度年齢を重ねたら審判や指導する立場にまわるという好循環を作っていきたいですね。

大川 活動を続けていく中で、事故やトラブルは起きていませんか。

峰岸 スポーツですから、もちろんケガをすることはあります。ただ、私が20年近く関わってきた中で、辞めてもらった例は1件しかありません。暴れると大人でも抑えられないほどの力を持った大柄な子が、コーチに対して暴力を振るってしまったケースでした。それ以外はあまり大きなトラブルはありません。むしろ「コーチ同士の意見が合わない」というようなトラブルの方が多いですね(笑)。

大川 スポーツの効能でいうと、私が手伝っている施設には、ダンスを始めたことで、いままでふさぎ込んでいた子が明るく能動的になったという事例があります。「パプリカ」ダンスを延々と踊っていたそうです。

峰岸 今は競技チアといって、スポーツ・プログラムとしてチア・リーディングとチア・ダンスに取り組んでいます。チアは比較的スキルがなくても誰でも楽しめる競技なので、今は都内の特別支援学校に「体験会を開くのでどうですか」というチラシとポスターを送ったりしています。

大川　学校と連携できたらいいですね。

峰岸　ただ、コロナの影響で体験会が中止になることも多いんです。それでもチアに関しては家でもできるので、コーチがオンラインで振り付けを教えたりしています。

大川　競技チアも大会はありますか？

峰岸　競技チアもスポーツとして大会は開かれます。そもそもチア・リーディングは応援をする競技なので、バスケットの試合などのハーフタイムやベンチサイドで応援することもあります。2019年にアラブ首長国連邦のアブダビでスペシャルオリンピックスの世界大会が開かれたときには、スペシャルオリンピックス日本・東京のアスリートがエキシビションでチアを披露しました。

大川　それは素晴らしいですね！

峰岸　そもそも知的障がい者の男女比は6：4で女性は少ないのですが、当会への参加比率は8：2くらいでもっと少ないんですね。女の子たちがスポーツをする機会が少ないのは、親の影響なのか本人の意向なのかはわかりませんが、競技チアを入り口に、女の子たちをスポーツの世界に引き込んでいきたいと考えています。

大川　「あなたたちが楽しく踊ることで周りが元気になるんだよ」という初めての体験ができるのはすごくいいですね。

ボランティアとして参加するには

大川　ホームページにはボランティアに参加する人のために、「アスリートを理解するための基本的な姿勢」という10項目[3]がまとめられていました。一番大事にされていることはなんですか？

峰岸　通常の人間同士の関係で対応をしてくださいということです。「かわいそうだから……」という視点はダメ。ボランティアを始める前に「何を注意したらよいでしょうか」とよく聞かれるのですが、あまり考えすぎないことが大事だと思います。

大川　スペシャルオリンピックスのボランティアは誰でも参加できますか。

峰岸　私たちとしては、福祉に接点がないような人にこそどんどん来ていただきたいと考えています。ふだん接する機会がない人たちからすれば、知的障がいがどういうものかがまったくわからないんですよね。実際にスペシャルオリンピックスの活動に参加してくれたボランティアさんたちの多くは「一緒にやってみて、恐れる必要もないし、普通に対応できるし、気軽に接していいものなんだとわかった」という感想を寄せてくれています。

大川　スポーツを教えた経験がない人でも大丈夫ですか。

峰岸　もちろん競技を教えるので、専門的なことがわかる人が望ましいです。ただ、スポーツの経験がなくてもやっていただけるボランティアの役割もありますから、どんな方でも参加できます。たとえば、指導者が笛をピーッと吹いて「みんな集まれ」といった場合、健常者であればみんながサッと集まれます。しかし、知的障がい者はなかなか集まれない。そうした時に「集まろう」と言って誘導してあげたり、トイレに連れて行ったり、着替えを手伝ったりと、なんらかの活躍の場はあります。

大川　実際にボランティアとして参加したい場合はどうすればいいのでしょうか。なにか経済的な負担はありますか？

峰岸　自己負担は交通費くらいです。まずはボランティア申込書にサインしたものを郵送いただだ

スポーツ指導ができなくてもボランティアは大歓迎だそうだ

く、または写真で撮ってその画像で送っていただければ登録されます。これは参加中にケガをしてしまったときに備えた団体保険に入るためで、保険料は全額、当会が負担します。ボランティアさんの負担はありません。登録を済ませた方は、「今度ここに行きたい」と事前に事務局に連絡をいただければ、事務局から会場の責任者に連絡をして参加してもらう流れです。

大川　指導者はプロの方なんでしょうか。

峰岸　プログラムを運営している方もボランティアで、主任コーチ、マネージャーもボランティアです。その人たちが練習カリキュラムを作成します。そして、ボランティアとして参加する人に応じた役割を差配してもらっています。

大川　知的障がい者の施設でお祭りをやるときにボランティアを募集しても、ハードルが高くてなかなか人が集まらないんです。どうしても意識の高い方や、もともと自治体でやられてた方が中心になってしまいます。もしかすると、スペシャルオリンピックスのボランティアの場合は、スッと入りやすいかもしれないですね。

峰岸　ご自身の体力維持のためにボランティアとして参加される方もいらっしゃいます。私たちも「スポーツジムへ行くよりもりスペシャルオリンピックスで体力トレーニングするのはどうですか」と言ってお誘いすることもあります。ただ、私たちは「トレーニングの継続が大切だ」と言っているため、ボランティアの方が「いつも来なきゃいけないのか」とプレッシャーを感じてしまうこともあるんですよね。そこは本当に難しい。最初は何年かに一度開かれる大会のボランティアに参加してもらうのがいいかもしれません。

大川　「ダイエットしませんか？」くらいの気軽な感じで誘ってもいいかもしれませんね。流行りの〝チョコザップ〟みたいな「チョコボラしよう！」とか。

峰岸　そうですね。私もバスケットボールの経験があるのでたまに参加していますが、最初のウォーミングアップで疲れてしまって、あとは見ているだけのこともあります（笑）。それでも構いません。自分が昔やっていたスポーツをもう一度やってみたいという人には非常に良い場ではないかと思います。

大川　どんどんいろんな方に参加してもらって交流してほしいですね。

峰岸　ただ、現状はまだまだボランティアの人数が少なくて、ご家族に手伝ってもらうことが多いんです。私たちはご家族を「ファミリー」と呼んでいるのですが、できればファミリーが手を出さなくてもすべての活動ができるようになるのが理想です。また、ファミリーに手伝ってもらう際には「自分の子どもの世話はしないで他のアスリートのケアをしてください」と言っています。

大川　それはいいですね。そうすることで、自分の子どもに対しては当たり前だと思っていたこととは違う経験ができるんですよね。また、周りのファミリーの振る舞いを見ることで「ここで怒っていいんだ」とか「こういう褒め方があるんだ」など、新たな気づきを得るきっかけにもなりますよね。

峰岸　これはお父さんにありがちなのですが、自分の子どもに対してものすごく厳しくなってしまうことがあるんですよ。

大川　やっぱりそうですか！　サッカーパパとか激しいですよね！

峰岸　子どもに厳しくあたっている姿は他の子にも影響を与えてしまいます。そこは離れて見てもらった方が子どもたちの気持ちが落ち着く面もあります。だから「自分の子どもではなく、他のアスリートのケアをお願いするのです。

大川　わかります！　自分も子どもたちのサッカーを観に行ったとき、興奮してどんどん選手に近づいていてしまい、審判に「危ないから走らないで！」と怒られました。その意味では、自分を見つめ直すいい機会にもなりますね。

注

3　SON日本・東京が提唱しているボランティアの基本的な姿勢の10項目。①同情ではなく愛情で接する、②共に楽しむ、③障害を障害としてではなく、性格や個性としてとらえる、④手をかけすぎない、自分のことは自分でしてもらう、⑤根気良く待つ、⑥指示・指導は具体的に説明する、⑦個々の特性に配慮する、⑧ほめる時、注意する時は、その場でする、⑨メリハリのあるほめ方を、⑩「叱らないけど譲らない」態度で対応する。

インクルーシブな社会を作り出すために

大川　今後は何か新しい展開をお考えですか?

峰岸　スポーツを大人になってから始めるのはなかなか難しいんです。子どもの頃から継続的にやることが大切なので、今後は学校へのアプローチをより積極的に行っていきたいですね。

大川　実際に参加してくれる学生さんは多いのでしょうか。

峰岸　実は学生はあまり多くありません。ただ、学校連携プログラムというものがあって、スペシャルオリンピックス自体が学校の中に入っていこうという動きはあります。たとえば東洋大学には、スペシャルオリンピックスの立ち上げに関わってくれた福祉学科のゼミの先生がいます。また、帝京科学大学には学生の頃ボランティアとして関わっていた先生がいます。そうした大学と連携することで、学生のみなさんがトレーニングにつきあってくれています。

大川　連携先がもっと増えるといいですね。

峰岸　ただ、学生も勉強の一環として来ているので、大学を卒業したらなかなか来てくれません（笑）。それでも若い時に経験を積んでくれれば、社会人になって歳を重ねた後にもう一度帰ってきてくれるということも考えられます。

大川　その考えは良いですね。きっと鮭のように戻ってきてくれますよ（笑）。

峰岸　私たちの理想は、知的障がいをもつ子たちが近所や地域で継続的に活動できるようになるということです。ですから市区町村に密着した活動をしていかなければなりません。大田区に関しては、元副区長だった方が私たちに協力してくれました。スペシャルオリンピックスのボランティアの方は50〜70代の方が多いので、いわゆる「サードプレイス」[4]として活動してくださいと言っています。現役時代は家と仕事場とスペシャルオリンピックス。引退したら家とスペシャルオリンピックス。そうすると、いろいろな仲間ができてよいのではないかと思います。

大川　そういう意味では企業へのアプローチも大事かもしれないですね。

峰岸　そうですね。最近はSDGsの問題なども含め、社員にボランティアをしてもらいたいという意向の企業が増えています。もちろん企業が社員に対してボランティアを強制することはできませんが、外資系企業はそういう意向が高いと思います。外資系企業はCSR、福利厚生、人材育成の一環として社員がボランティアをする場を求めているし、寄付にも前向きですし、いわゆる社会的弱者の方と交流するイベントを開くケースも少なくありません。そういう中で、当会はトレーニングを毎週やっていますし、大会も定期的に開催しているので、ボランティアの機会を多く提供できるという強みがあります。中には、寄付金をいただく対価としてボランティアの場所を提供する、という関係性ができている支援先もあります。

大川　東京都はそういうのが一番しっかりしている印象がありますね。

峰岸　仕事ではなくあくまでもボランティアなので、人間関係も含めて「自分には合わないな」と思ったらすぐに辞められます。都内にはいくつも会場があるので、別のところに行って自分に合う環境が見つかったという人もいます。そういった意味での良さはあると思います。まずは気軽に参加してほしいですね。

大川　最後になりましたが、世界的にみて日本の知的障がい者スポーツに関する取り組みはいかがでしょうか。

峰岸　アメリカでは50年以上の歴史があるため、スペシャルオリンピックスはパラリンピックより知名度があります。それを考えると日本はまだまだ遅れているという印象です。スペシャルオリンピックスは地域別で分かれており、日本はアジアパシフィックリージョンに含まれていますが、アジアにおいてもなかなか浸透していません。私はシンガポールで行われた会議に参加したこともありますが、残念ながら東南アジアではまだまだ差別があってスポーツどころではないというのが現状です。

大川 日本からそういう意識を変えていきたいですね。

㊟ 4 家庭や職場とは別の場所であり、心から落ち着くことのできるコミュニティ、居場所のこと。

取材後記

☐ 暮らす　☑ 楽しむ　☐ 働く

スペシャルオリンピックスは、世界で50年以上の歴史がある。今や世界200の国で300万人以上のアスリートと67万人のボランティアが参加する大きなムーブメントになっている。日本には47都道府県すべてに地区組織があるが、今回は国内最大規模のスペシャルオリンピックス日本・東京に話を聞くことができた。

スペシャルオリンピックスの活動には、知的障がいのある人だけでなく、健常者が幅広く参加している。特定の競技に精通したコーチだけではない。会場の準備から後片付け、アスリートのケア、会計や事務処理まで、さまざまな立場の人たちがボランティアとして関わっている。

今回、知的障がいのある「アスリート」と、知的障がいのない「パートナー」がチームを組んで練習や競技を行う「ユニファイドスポーツ」があることも初めて知った。世界の潮流を見ると、学校もインクルーシブ教育と言われるように、障がい者も健常者も同じクラスになるかもしれない。その時の体育の授業など、インクルーシブスポーツのアシストではスペシャルオリンピックスのみなさんが活躍できるのではないかと思っている。

自分の周囲でも定年退職した方々の中には何もすることがないと言う人がいるけど、気軽にスポーツもできて、ボランティアもできる、〝チョコボラ〟ができるのはスペシャルオリンピックスではないだろうか？

すでにスペシャルオリンピックスには文化活動もあるから、囲碁や将棋、eスポーツなどいろんな可能性がある。知的、発達障がいと認められない、境界知能と言われるグレーゾーンの人たちも日本に1500万人いると言われていて、うまくスポーツ活動ができずに諦めている人たちもいる。また、引きこもり、不登校で地域活動を探している人も、スポーツや文化活動ができたり、サポートにチャレンジできる仕組みもできたら面白そうだ。今後の更なる活躍に期待しています！

障がいがあっても、性と恋愛の自由を保障する支援を

坂爪真吾×大川 豊

坂爪真吾

「新しい性の公共を作る」という使命を持つ坂爪真吾さんに
障がい者と性について話を聞いた

Profile

坂爪真吾　さかつめ・しんご

1981年新潟県生まれ。東京大学文学部卒。2008年、「障がい者の性」問題を解決するための非営利組織・ホワイトハンズを設立。「新しい性の公共を作る」、という理念のもと、重度身体障がい者に対する射精介助サービス、風俗店で働く女性の無料生活・法律相談事業「風テラス」など、社会的な切り口で現代の性問題の解決に取り組んでいる。2022年4月、NPO法人風テラスを設立。

「障がい者の性」問題をオープンに

大川 これまで「障がい者の性」にまつわる問題は、なかなかオープンに語られることがありませんでした。社会の中で情報が共有されてこなかったために、「何からどう語ればいいかわからない」というのが正直なところだったのではないでしょうか。そんな中、坂爪さんは2008年に「新しい性の公共を作る」という理念を掲げて「障がい者の性」問題を解決するための非営利組織・ホワイトハンズを設立されました。現在はどのような活動をされているのでしょうか。

坂爪 男性重度身体障がい者に対する射精介助サービス[1]や、風俗店で働く女性に向けた無料の生活・法律相談事業「風テラス」[2]などを行っています。障がい者のご家族からの相談も受け付けていて、私たちでできる範囲で対応しています。

大川 障がいを持つ方のご家族にとって、性の悩みを相談できる窓口があるのはとても心強いことですよね。ホワイトハンズのサービスを利用する場合、料金はどのようになっているのでしょうか。

坂爪 サービス開始当初は有料でしたが、5年ほど前から無料にしています。

大川　え！　無料なんですか？

坂爪　はい。有料にしてしまうと風営法で「性風俗関連特殊営業」[3]と位置づけられてしまうんです。性風俗関連特殊営業には「広告を出してはいけない」などさまざまな規制があるために、サービスの継続が困難になってしまいます。そのため現在の運営費用は寄付金と他の事業収入で賄っています。

大川　他の事業ではどんなことをされているのですか。

坂爪　障がい者の性に関する書籍を出版したり、研修や講演などを行ったりしています。専業スタッフは私だけですが、10～20人ほどのチームで事業を行っています。

大川　射精介助サービスをされるスタッフにはどんな方が多いのでしょうか。

坂爪　看護師や介護士の方が多いですね。エッセンシャルワーカーとして、新型コロナウイルス感染症のワクチン接種は優先的に受けられています。

大川　そうした方々にはどのくらいの報酬が支払われているのでしょうか。

坂爪　時給ベースで３３００円です。実際のケアは30分前後で終わることが多いので、スタッフに支払うのは一回でだいたい2千円くらいですね。スタッフを派遣する際の交通費は利用者さんに負担をしてもらっています。

大川　エッセンシャルワーカーの現状としてはかなり厳しいですね。公的機関から補助金などは出ていないんでしょうか。

坂爪　厚生労働省に提言をしたことはありますが、その時は「現場の理解が得られないのではないか」という理由で話を進めることができませんでした。しかし、将来的には介護保険などの保険が使えるようにして、日常生活に必要不可欠なサービスとして定着させたいと考えています。

大川　ホワイトハンズのサービスは全国どこにいても受けられるのでしょうか。

坂爪　はい。ただ、利用者さんには基礎疾患をお持ちの方も多いため、コロナ禍の今は要望があってもなかなか訪問することが難しくなっています。

大川　むしろコロナ禍で行動制限がある時のほうが性的欲求は高まる気がします。

坂爪　その通りです。コロナ禍で外出できないなどのストレスが溜まる一方で、射精を自由にしたいと思う方がたくさんいらっしゃいました。ニーズはすごく高まっているのに、今は思うように動けていません。そこは悩ましく申し訳ない気持ちですが、今後は感染リスクに気をつけながら徐々に再開していきたいと考えています。

注

1　障がいにより自慰行為が困難な方に、ホワイトハンズが派遣するケアスタッフによる物理的刺激で射精に導くというサービス。

2　風俗店で働く女性のための無料生活・法律相談事業。女性たちが、安心して仕事や生活についての相談ができる機会を作ることを目的としている団体。坂爪真吾さんは理事長。

3 性風俗関連特殊営業とは、都道府県公安委員会へ「性風俗関連特殊営業」として届出を出している事業者のこと。ソープランド、ファッションヘルス、デリバリーヘルスといった性的接触をするサービスや、ストリップ、出会い喫茶などといった店舗も同じく風営法という法律の規制の下での事業であり、さまざまな形態・業態を含んでいる。

性の充実は生きる気力を生む

大川　そもそも坂爪さんは何をきっかけにホワイトハンズを始められたのでしょうか。

坂爪　大学時代にジェンダーを研究するゼミ[4]に入ったことが大きなきっかけでした。東京には性風俗のお店がたくさん存在していたので、それを研究してみようと考えたんです。実際に研究を始めてみると、性欲は三大欲求のひとつとされているのに、性風俗は一種の娯楽、エンターテインメントとして捉えられることがほとんどでした。私はもっと別の捉え方ができるのではないかと考えたんです。

大川　エンタメ以外のサービスというのは、どういうことですか。

坂爪　たとえば性教育の場を提供したり、性の問題で困っている方の相談窓口を作ったりすることです。特に障がいを持った方、性に関して困っている方への支援が日本にはほとんど存在しませんでした。自分の研究結果を世の中へ還元したいという思いもあり、自分で事業を始めることにしたんです。

大川　これまで世の中になかったものを始めるのは大変だったと思います。射精介助サービスは従来の枠組みでは「風俗店扱い」になるそうですが、坂爪さんが書かれた書籍を読む限り「風俗店に行く」という感じではありませんよね。利用者さんも介護する側の女性も、ある種の介護サービスとして捉えている印象を受けました。

坂爪　おっしゃるとおりです。ホワイトハンズの利用者さんには、脳性麻痺の方も多くいらっしゃいます。そういった方はケアを受けることに慣れているので、食事や入浴などと同じ文脈で性の介護も受けています。

大川　それを風俗業としてくるのは適当なのでしょうか。もっと別の枠で公的支援を受けられてもいい気がします。

坂爪　そもそも日本では「障がい者の性介助」自体が理解されていないため、なかなか難しいと思います。社会的な議論を始めたくても、「本当に障がい者の性をケアする必要があるのか」というところから始めなければならないんです。誰がどこまでをどういう風にやるのかという問題もあります。これを標準化して社会的に共有することが私たちの仕事ですが、ものすごく難しいことだと感じています。

大川　自分は脳性麻痺の方も知的障がいの方も、性欲は絶対にあると思っています。だから性の自由を保障するための介助（介護）はものすごく必要だと思うんです。性の介護を受けた利用者さんが幸せを感じたり、心のゆとりを持てるようになったりするケースも多々あるのではないでしょうか。

坂爪　そういった面は大きいですね。身体的にすっきりしたというだけではなく、「生きる気力が湧いてきた」というようなメンタル面での安心感・安定感を得ている方が多くいらっしゃいます。単に性欲を満たすだけではなく、自己肯定感や自尊感情を得るためのケアという側面もあると思います。

大川　自分に自信が持てるし、生きている実感を得られるということですよね。これは利用者さんだけでなく、社会的にも大きなメリットがあることだと思います。

坂爪　今の福祉にはそういった視点がすっぽり抜けています。福祉は人としての幸せを追求するためにあるものです。そこから性の問題を切り離して考えるのは難しいと私は思います。

大川　知的障がいを持つ女性が風俗店で働いているケースも多いと聞きます。これについてはどうお考えでしょうか？

坂爪　冒頭に紹介したように、私は「風テラス」という風俗で働く方々の支援を6年ほど継続的にやっています。そこで感じるのは、風俗店では軽度の知的障がいを持つ方がかなり多く働かれているということです。ただし、彼女たちが風俗店に一方的に利用されて搾取されているのかというと、そうとも言い切れません。風俗店で働くことで自尊感情が高まる場合もあるからです。今までずっと家族や周りから怒られてきた人たちが、風俗の世界で認められることもあるんです。

大川　風俗業界に入ってからメイクを覚え、「かわいいね」と言われた経験が本人の自信につながることもある。当事者の中には、肯定的な評価を受けて喜びを感じているケースもあるんですね。

坂爪　本人が自己肯定感を抱くのは悪いことではありません。その一方で、自己肯定感を得られる場所が風俗店に限られてしまうことが、その人にとって本当に望ましいことなのかという根深い問題もあります。本来は、地域や学校、家庭も含めて、自己肯定感を高められる場所の選択肢が増えてほしいと思います。

注
4　東京大学で上野千鶴子ゼミに在籍。上野千鶴子は、フェミニストで社会学者。2011年、東京大学大学院人文社会系研究科教授を退官。

性に関する問題行動の理由は

大川　私は政治家や官僚のみなさんと知的障がい者の問題を考える勉強会にも参加しているのですが、そうした場では施設や保護者から「性の問題にどう対処したらいいのかわからない」「性教育をどうしたらいいのか」という相談がよく寄せられます。

坂爪　まずは知的障がいを持つ方の性にまつわる諸問題がどのように起きているかを調査して分析する必要があると思います。たとえば、私たちは「放課後等デイサービス」[5]の現場で、性に関する問題がどのように起こっているのかのアンケートを取り、どう対応していけばよいのかを整理しています。

大川　それは興味深い調査ですね。

坂爪　職員と保護者を対象に行なったアンケート結果を簡単に説明すると、性に関するトラブルが起きる年齢は、小1〜3の低学年が非常に多かったんです。通っている学級の種類で見ていくと、通常学級、支援学級、支援学校がそれぞれ3割前後でした。障がいの種類は、ASD（自閉症）、知的障がいの割合が多く、そのあとにADHDが続いています。実際に現場で起こっている問題としては、人前で服を脱いでしまう事例が一番多いようです。それに続いて「異性の子どもに対する性的接触」、「性的な言葉の連呼・からかい」などがあります。そのほとんどが小学校低学年ですから、性的欲求が理由とは考えにくいと思います。

大川 なるほど。

坂爪 性に関するトラブルの背景を見てみると、一番割合が多いのは「障がい特性」です。次に学校や家庭内での「精神的なストレス」、「生活技術の不足」と続きます。つまり、大部分は性的欲求以外の問題がからんでトラブルが起きています。

大川 一番割合が多い「障がい特性」とはどういう意味でしょうか。

坂爪 主に自閉症やADHDなど、対人コミュニケーションがとれない、人の気持ちが理解しづらいといった障がいに関連するものを指します。この結果をふまえると、性的欲求の問題として対処するのではなく、生活環境や人間関係を整理していく方法が解決の近道だと考えられます。

大川 自分が重度の知的障がい者の施設を訪ねた時、みんなの前でずっと全裸になっている方がいらっしゃいました。ところがずっと全裸というわけではなく、農作業や食事のときは服を着ていました。そうした様子を見ていて、なにかちょっとしたきっかけでコントロールできるようになるのではないかと感じました。

坂爪 服を脱いでしまう方は結構いらっしゃいます。そういう方がなぜ全裸になるのかを考えていくと、「触感が嫌だ」とか「好きな色がある」だとか、きちんとした理由のあることが多いんです。そうした希望にこちらがうまく対応していけば、なんとかなるケースの方が多いのではないでしょうか。

注5　障がいを持つ子どものためのサービスで、児童福祉法に位置づけられている。6歳から18歳の子どもが利用できる。自立支援、生活支援の活動があり、運動をしたり創作活動をするなどさまざまなプログラムが体験できる。

家族も正しい性知識を学ぶべき

大川　性教育についてはいかがでしょう。この相談も非常に幅が広くて、「そもそも知的障がい者に性教育は必要なのか」というものから「なぜ子どもに自慰行為を教える必要があるのか」と怒り出す親御さんもいます。

坂爪　第一に、子どもと接する機会が多いのは親御さんと施設の職員さんです。そうした身近な人たちが性に関するマナーを教える大切さを感じています。

大川　身近な人が性に関するアドバイスをする場合、個人によってどうしてもばらつきが出てきてしまいますよね。坂爪さんは障がいをお持ちの方のご家族から性の相談を受けた時、最初にどんなことを伝えているのでしょうか。

坂爪　親御さんが持っている性に対する固定観念や、無知・無理解がそのままお子さんの性の問題になってしまっていることもよくあります。まずは親御さんの性に関する認識に目を向けて考えていただくようにしています。具体的には、親御さん自身が性に関する問題を学んだり、偏見を取り除いたりすることも必要なのではないか、と問いかけています。

大川　専門家のチームが親御さんへの教育も含めてキャラバン隊のように全国を回るというのはどうでしょうか。

坂爪　とてもいいアイデアだと思います。

大川　多くの施設が「どう対応したらよいか」というノウハウを持っていれば、障がい者の方の選択肢も増えますよね。放課後等デイサービスや特別支援学級でも、性教育をふくめたわかりやすい事例やノウハウを共有してほしいと思います。その際、日本だけでなく海外の事例もビッグデータにして「こういう事例にはこう対処すると良いですよ」というエビデンスを基にした支援ができるようになるとい

コロナがおさまっていない時期、新潟にいる坂爪さんとはオンラインでお会いした。

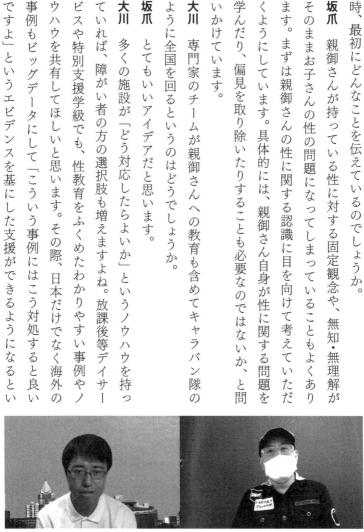

いですね。

坂爪　問題行動は一種のメッセージです。トラブルは個人的な課題や社会的な課題など、いろいろなものが積み重なって起こります。単純に押さえつけるのではなく、問題行動の背景を深掘りして対策を講じていけば、いずれ解決できると思います。

大川　問題行動の原因には、家庭の不和もあるのでしょうか。悩み、苦労されているときには両親のぶつかり合いもまた当然あるかと思いますが……。

坂爪　そうですね。障がいのあるお子さんの家庭は離婚率が高いんです。「お前が面倒を見ろ」と、夫婦どちらかにまかせてしまうのは本当によくない。離婚にいたると、どちらか一方に負担がのしかかって、つぶれてしまうケースがあります。これをなくしていきたいですね。

大川　親御さんが先に亡くなってしまうという問題もありますよね。私が知っている施設では「親亡きあとの終《つい》の棲家《すみか》」というテーマで取り組みをしています。まず親御さんたちに対して「できる限りのことはわれわれがすべてやります。親御さんは自分たちのやりたいことをやってください」と伝えています。施設からそう言われることで、ご夫婦の仲も改善して、利用者の活動も活発になったケースがありました。ある程度のスキルをもった福祉従事者が充実していれば、ご家族の方も安心して本来の自分のしたいことができるようになるのではないでしょうか。

坂爪 障がいを持った方も、そのご家族も、誰もが幸せになるのが理想ですよね。

オープンかつ健全に性を学べる場を

大川 強度行動障がいのお子さんも、性的な欲求を自分でうまくコントロールできたとしたら、暴れてしまうような場面をコントロールできるようになるかもしれませんね。

坂爪 私もそう思います。自分で性的欲求の管理ができるようになれば、自分と他人、社会と付き合っていけるようになると思っています。そのときに他者とのスキンシップが足りないと相手の気持ちや痛みがわかりません。スキンシップは最低限必要なものだと思います。健全な形での触れ合いを推奨するという意味では、フォークダンスなどのプログラムがあります。

大川 基本的なことをうかがいますが、障がい者の方が自慰行為をコントロールすることはできるのでしょうか。

坂爪 そもそも自分の性器を触ること自体は悪ではありません。自分の都合で他人の性器を触るのがダメだという話です。適切な場所や時間、空間でしていこうねと誘導していくことが重要だと思います。

大川 みんなで手をつないだりダンスを踊ったりすることで、自分の性器を触らなくなったということも聞いています。

坂爪 性器を触ってしまう理由には、「退屈である」とか「不安である」というようなストレスのサインということもあります。ストレスをなくせばおさまるケースもあります。支援学校の先生も、性器をいじり出す生徒がいたら、自分の授業が退屈なんだなと認識することもあるようです。子どもたちはメッセージを発しているんですね。図画工作などの両手を使う作業も物理的に性器を触れなくなるので良いと聞いています。

大川 成人した重度知的障がいをお持ちの方で、AVが大好きな方がいらっしゃいました。そうした嗜好は問題ないのでしょうか。

坂爪 そこは自由だと思います。それによって悪い刺激をうけるケースもありますが、正しい性教育の情報があれば大丈夫だと思います。AVをみんなで見て、AVはあくまでもフィクションだということを話し合う授業もあります。今はスマホがあれば個人でAVを見られる時代ですが、それはあまり好ましくありませんね。

大川 われわれの世代はビデオデッキがない時代だったので、みんなでこっそりポルノ映画館にいくということをやっていました。今思うと、観終わったあとにお互いに感想を述べていたのですが、それは意味のあることだったんですね。

坂爪　そうですね。この他にも芸術を通じて性を学ぶ方法もあります。もう10年以上続いている「ららあーと」[6]というデッサン会では、モデルさんのヌードを描いて学んでもらっています。そういった健全な形で人間の裸を見て、みんなで描いて感想を話し合う。こういった取り組みがもう少し世の中にあっても良いと思います。

大川　それはいいですね。自分が親御さんから受けている相談の中には「女性の裸を描くのが好きすぎて心配です」という悩みもありました。海外ではそういった作品がたくさんあるので「自分は良いと思います」とお答えしていますが、親御さ

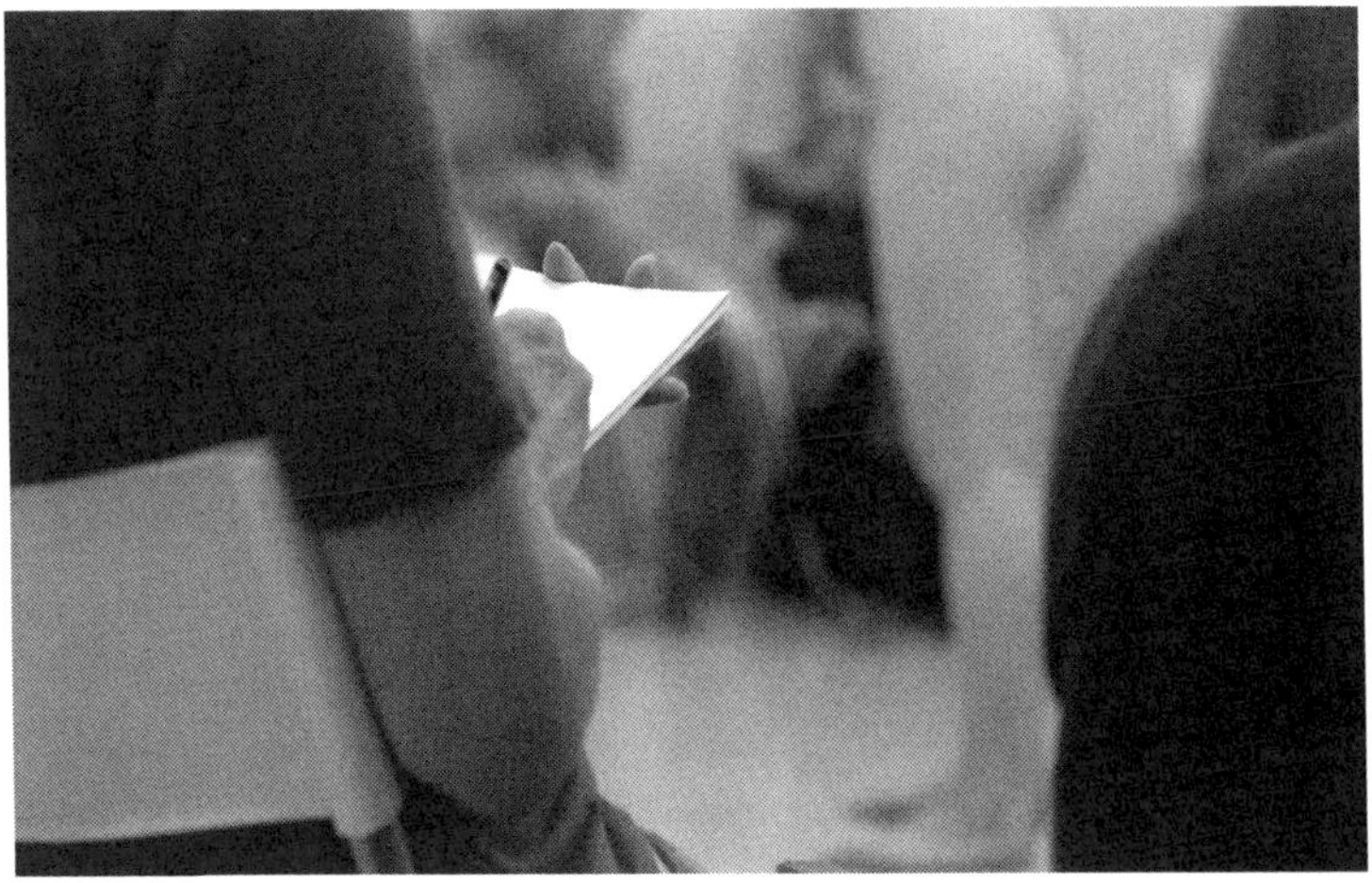

ららあーとは、初心者の・初心者による・初心者のための、バリアフリーのヌードデッサン会

んが特に心配していたのが、写真ではなくて実際のものを見たがるということでした。でも、絵を描くとなったら、本物の女性を見たくなるのは当然ですよね。「ららあーと」のような場があるのは心強いと思います。

坂爪　いいガス抜きにもなるはずです。エンタメや風俗以外で、オープンかつ健全な形で性を学べる場がもっとたくさんあればいいなと思って活動しています。

㊟6　「初心者の・初心者による・初心者のための、バリアフリーのヌードデッサン会」というコンセプトで、東京都渋谷区で2ヵ月に一度開かれている。

障がい者のための「恋愛支援」も必要

大川　障がい者の恋愛についてはどうお考えでしょうか。

坂爪　恋愛はすごく大事な問題です。障がい者のための支援に「就労移行支援」がありますが、私は「恋愛移行支援」のようなものもあればいいと思っています。

大川　素晴らしい！　待っていました！　現状で恋愛移行支援はあるのでしょうか。

坂爪　障がい者支援向けの合コンはいくつかあります。しかし、プログラムとしてやっているところはまだないようですね。

大川　女性の軽度知的障がい者の方から「いつも健常者の男性にだまされる」という話をよく聞くんです。そうした時には「同じ境遇の方と出会えるといいね」という話をしているのですが、マッチングアプリのようなものはありますか？

坂爪　障がい者専用のマッチングアプリはないと思いますが、障がい者の方々が使用しているマッチングアプリはたくさんあります。障がい者支援向けの結婚サービスもいくつかあります。障がい者の出会い、結婚、出産、育児を包括的に支援する「ぶ〜け」[7]という事業もあります。

大川　それは素晴らしいですね。ただ、利用者さん同士で恋愛感情が曖昧なまま性行為をして妊娠してしまうケースもあります。また、幸せな結婚をした人やそのご家族から「生まれてくる子どもに知的障がいが遺伝するのではないか」と不安な気持ちを相談されたこともありました。

坂爪　「ぶ〜け」は障がい者同士のカップルを支援していますが、知的障がい者同士のカップルの間にお子さんが生まれた場合、お子さんも知的障がいをもつケースがあるそうです。そうした場合でも、支援が充実した社会であれば普通に生活していくことができます。障がいを持つ子どもが生まれるリスクが高いからダメということは絶対にありません。あくまでご本人たちの自己決定権を重視すべきです。

大川 周りが多様性を受け入れる社会であればまったく問題ありませんよね。

坂爪 そのとおりです。自分の意思で好きな相手と恋愛していく力がないと、人生自体がつまらないものになってしまいます。性的なものを自己管理するだけでなく、自分の意思で相手を見つけて関係を作って、恋愛をしてセックスをして子どもをつくっていく。そこまでの支援の仕組みをわれわれが作っていくべきではないでしょうか。

大川 恋愛支援は具体的にどう進めていけばよいでしょうか。

坂爪 発達障がいや知的障がいのある方々は、他者とのコミュニケーションをどうやってとったらよいかわからないケースが多いんです。相手の気持ちを理解できずに自分の気持ちを押しつけてしまうところがあるので、そこは気をつけたいですね。そのためにも、恋愛の前に対人コミュニケーションの基本を学べる場所が必要です。たとえば、相手の気持ちを考える。自分のしたいことをどのように伝えればいいかを学んでいく。そうした基本を身につけるところから始める必要があると思います。

大川 普通の結婚相談所でもデートの仕方を教えることがありますよね。「まずは二人でファミレスにいってみましょう」みたいな。

坂爪 一種の模擬デートのような感覚ですね。障がいをもつ方にとって、自立したい理由の一つに恋愛の要素はすごくあると思います。親元から離れて恋愛したい、結婚したいという願望があります。そこを社会がきちんとケアできればと思います。

大川　子どもの頃から恋愛や性教育に関する支援があれば、大人になってからの性処理を親御さんがしてしまうという現実も解決できるかもしれませんね。親御さんがこれもダメ、あれもダメと抑えてしまっている側面もあるのではないでしょうか。

坂爪　親御さんの判断で、性教育や恋愛において悪い方向へ行ってしまうケースはたくさんあると思います。そうではなくて、まずは本人がどうしたいのかをベースに考えてほしいと思います。障がいをお持ちの方は、どうしても親と子だけの世界になりがちです。しかし、親以外にも、いろんな外の人たちと関わって刺激を受けられればいいなと思います。

大川　国は知的障がい者の方々を「地域に戻そう」という方向で動いています。しかし、実際には施設と作業場の往復で終わってしまっている現状があります。出会いの場所がないのに、地域に戻しましょうというかけ声だけは大きい。現場からはもっと支援がほしいという声が上がっています。

坂爪　恋愛には出会いの場が必要ですが、施設と作業場の往復だけでは出会う場所がありませんよね。他にも居場所を増やすことが大事です。いろんな場所で人とコミュニケーションを取るなどの刺激を受けることで、確実にいい影響があると思います。私たちは性介助を全国で受けられる体制を整えるのと同時に、今後は恋愛支援事業もがんばっていきたいと思います。

㊟

7　障がいがある人の交際・結婚を応援するサービスで、社会福祉法人南高愛隣会が提供している。具体的には、交際を希望する障がい者の交際相手を探したり、子育てに関するアドバイスをするなど。①出会い・恋活（婚活）のサポート、②夫婦・パートナー生活の応援、③子育てサポート、④自分磨き・スキルアップという内容である。

取材後記

□暮らす　☑楽しむ　□働く

坂爪さんには、コロナ禍の大変な時期に対談を受けていただき、本当にありがたかった。障がいのある方々の性の問題はずっとタブー視されていたので、素晴らしい取り組みだ。早く介護・福祉サービスとして国の予算がつくことを願っている。さらに、性のサービスのおかげで、活動的になったり、薬の量が減ったというデータや医学的エビデンスも取れると、一段と世間の理解を得られるかもしれない。

少し前に、北海道にある福祉施設が知的障がい者同士が結婚する際、不妊処置を「提案」していたことが話題になった。知的障がい者の恋愛は「寝た子を起こすな」などと言われて敬遠される。

でも、好きな人と一緒に生活できるのは、本人たちにとって幸せなこと。子どもが産まれたら家族のために仕事をがんばれる人だっている。ケースバイケースだとは思うが、「知的障がい者だから子育てができない」わけではない。ただし、実際問題として「どの程度子育てが可能なのか」という課題はある。スウェーデンでは精巧な「赤ちゃんロボット」というものを導入している。赤ちゃんが泣いたらおむつを替えたり、授乳したりと、かなりリアルな体験ができて、データも残る。これでいかに子育てが大変かを知ったり、子どもの世話が大好きだという発見があることで結婚、出産、育児などを考えてもらうそうだ。他にも知的障がい者向けの子育て支援機関がある。特別支援学校の高等部では性教育と同時にベビーシュミレーションがあるという。もちろん、スウェーデンでも知的障がい者が子どもを持つことに反対する人もいる。でも、自分たちで判断できる環境を作っていくためにも、小さい頃から性教育や恋愛支援をしていくことは必要だろう。

社会はまだまだ障がい者のことを「助けられる立場の人」だと思いがちだが、実際には違う。日本でもどんどんチャレンジして欲しい。

3 働く

「口を出さない」商品づくりで障がい者の個性を出す

笛木里絵×大川 豊

笛木里絵

「就労継続支援B型」の作業所では、
知的障がい者が働いている
運営者で社会福祉士の笛木里絵さんに話を聞いた

Profile

笛木里絵　ふえき・りえ

埼玉県比企郡にある特定非営利活動法人知的障害者就労継続支援B型事業所トゥッティフォルテ施設長、サービス管理責任者。社会福祉士。トゥッティフォルテは、創作活動をしている作業所で、主に「裂き織り」「さをり織り」で作った布を使ったアパレル商品を作っている。

『トゥッティフォルテ』というブランドができるまで

大川 まずはトゥッティフォルテがどのような場所なのかを教えてください。

笛木 主に知的障がいをお持ちの利用者さんが通所で創作活動を行う作業所です。利用者さんが制作した商品を販売して収益をあげ、そこから利用者さんが工賃を受け取ります。就労継続支援A型[1]、就労継続支援B型[2]でいうと、就労B型になります。

大川 就労A型と就労B型はどう違うのでしょうか。

笛木 就労A型は一般社会への参加に向けてより高度な訓練をするところで、雇用契約を結んで毎月お給料をお支払いします。就労B型は自立のための訓練の一環として利用する形の事業所です。就労B型は利用者さんと雇用契約を結ぶわけではないため、お渡しするのは給料ではなく工賃です。工賃には最低工賃[3]もあります。

大川 実際に作業所を見させていただきましたが、利用者さんの中には、お昼頃にのんびりやってきて、数時間だけ作って帰られるケースもあるそうですね。

笛木 はい。その利用者さんは、ものすごく神経をつかう細かい作業をやっています。長時間の作業は大変で集中力が持たないので、ご本人やご家族と相談をして、お昼から2時間半~3時間程度、その人に合わせたシフトを組んでいます。

大川　利用者さんは月にどれくらいの工賃をもらっているのでしょうか。

笛木　人にもよりますが、平均して月1万6千~7千円くらいです。もっと渡せるようにがんばっていきたいと思っています。

大川　創作活動でその工賃はすごい！　事業を始めて何年くらいになりますか？

笛木　事業所を始めたのは2012年1月です。最初は3人の利用者さん、スタッフは法定の4人から始めて、今は16人の利用者さんが通っています。うちの事業所は創作活動だけをやっていますが、こういう事業所は案外少ないんです。

大川　そうなんですよ！　みんな学校時代に授業で創作活動をやっていても、就職になると創作活動で食べていける人は本当に一握りだと聞いています。笛木さんが創作活動に特化した事業所を作ろうと考えたきっかけはあるのでしょうか。

笛木　私の弟は知的障がいがあるのですが、ある時、私の似顔絵を描いてくれたことがあったんです。ところがその絵を見てみると、顔中にびっしり点がありました。私が「これはなに？」って聞いたら「ニキビ」と言われてしまって（笑）。

大川　容赦ないですね（笑）。

笛木　普通だったら美化して描いてくれると思うんですけど、その絵がものすごく面白くて、「すごい感性だな」と思ったのが最初の気づきでした。うちの他にも障がい者アートの先駆者はたくさんいらっしゃいますが、そういう作品を見ても「面白いな」と思う出会いがありました。

大川　ある種のアウトサイダーアート[4]みたいな感じですよね。

笛木　普通の概念では思いつかないような面白い表現をしてくれるんですよね。たとえばライオンをピンクに塗るなんて思いつかないじゃないですか。われわれのような固定観念がない。しがらみがない。「ピンクに塗りたいんだからいいじゃん」と塗ってしまう。そういうアーティスティックな部分があるのかなと感じます。

大川　そこから実際に作業所を作ろうと思ったのはなぜですか。

笛木　弟は作業所に通っていたのですが、ケーキ屋さんの前を通るたびに「ここのお店の箱、僕が折ったんだよ」とすごく誇らしげに話してくれたんです。それだったら、名前を出して、売れたところを見せてあげて、成功体験、自己肯定感につながることをやってほしいなと思ったんです。私は福祉系の大学を出たこともあり、家族ぐるみで作業所を始めました。それがちょっとずつ広がっていって、今年になってもうひとつ事業所を立ち上げたというところです。

注

1 就労継続支援A型事業所は、障がいや難病などを持つ人が雇用契約を結んで働く事業所。一般就労と同様に最低賃金が保障されている。障がいや疾患に合わせて、勤務日数や時間などの調整ができる事業所もある。

2 就労継続支援B型事業所とは、障がいや難病がある人が働くための障がい福祉サービス。企業での一般就労や就労継続支援A型事業所で雇用契約を結んで働くことが難しい人が対象。B型事業所での仕事を通して、社会参加すること、働くスキルを維持向上させること、安心できる居場所を作ることができる。２０２１年度の工賃の平均月額は１６，５０７円。時給換算では、２３３円。

3 就労継続支援B型事業所の最低工賃が月額３０００円と決まっている。

4 独学で学んだ、型にはまらない、アーティストのこと。障がいを持っているアーティストの作品を指すことも多い。

一人ひとりの個性が生きる「さをり織り」

大川　こちらの作業所の壁一面にはカラフルな糸がストックされていますね。こちらではなにを創られているんでしょうか。

笛木　「さをり織り」[5]です。こちらの糸は木綿１００％、こちらはウール１００％の糸です。大阪にある工場の残糸を使ったりしているので、一点ものの糸もあります。この糸を織って、洋服にしたり、バックにしたり、ペンダントを作ったりと、色々な製品を作って販売しています。

大川　鶴の恩返しの機織りみたいにして作っていくんでしょうか。

笛木　はい。着物を折る織機はそれだけで一部屋分埋まってしまうくらい大きいのですが、私たちが使う「さをり織り」の織機は小スペースで織物ができます。

大川　創作活動の就労支援をするうえでは非常にやりやすいですね。

笛木　はい。いろんな事業所さんや特別支援学校でも作業の一環として「さをり織り」は取り入れられています。うちはもともと着物を裂いたものを横糸にして卓上の小さい織機で織る「裂き織り」[6]を作業内容として取り入れていて、利用者さんが裂き織りで作った織地をスタッフが縫製してバッグにしていたんです。これは特に中高年の女性の方にお買い求めいただけました。そういう方々は若者のファストファッションではなく、一点物で他の人とは違うものを求めています。少々値段が高くても気に入ったものを持ちたい、身に着けたいというニーズがあることに気づいたんです。

大川　ちなみに一番売れている商品はなんですか？

笛木　裂き織りのバッグです。1点5千~7千円しますが、他と比べると安い。作品のクオリティも上がってきているので、もう少し価格に反映していきたいですね。

3方の壁に並ぶ大きな糸。高級で品質が良いものを使う

大川　さをり織りでは、かなり複雑なデザインもできるんですね。

笛木　さをり織りは原色の派手なものではなく、中間色を多く取り入れています。この織地からもバッグや洋服を作っています。中高年の女性の方でも抵抗なくお召しいただけると思って洋服を作ったところ、販売先が広がりました。さをり織りは縦糸を一本一本織り機にセットするのも、ものすごく時間がかかって本当に気が遠くなるような作業なんです。私にはとてもできません。デザインは利用者さん本人のオリジナルで、こちらがなにも言わなくても作ってくれます。基本的には利用者さんの感性に任せて織ってもらっていますが、完成した商品がきれいなグラデーションになるように、できるだけたくさんの糸を用意しています。

大川　利用者さんが好きな糸の色を選んで織っているんですね。

笛木　以前、青系と白系を混ぜて夏っぽくしてほしいというオーダーを受けたのですが、利用者さんがそこにショッキングピンクを入れてしまったことがありました。でも、洋服になってみたらそこがアクセントになりました。単なる青と白だったら既製品のようになってしまうところにピンクが入ることによってオリジナリティのある、インパクトある商品になりました。利用者さんの感性が生きる商品が特徴です。

大川　個性豊かな織地を生かした商品を販売して成り立つのはすごいですね。

笛木　もちろん苦労することもあります。刺繍をやっている利用者さんのためにスタッフが夏っぽい感じでビンの中にビー玉が入っている下絵を書いたら、利用者さんが自分で『コーラ』っていうロゴの刺繍を足してしまったことがありました(笑)。クオリティはものすごく高いんですけど、商品としては成り立ちません。金魚鉢に金魚を1、2匹だけ描いた下絵を渡したら「それじゃあ寂しい」と言って出目金を10匹くらい刺繍してしまったこともありました。「金魚が多すぎて酸欠になっちゃう」っていうくらい(笑)。こうした利用者さんの感性にびっくりすることもありますが、根底にあるのは「自分がやりたいからやる」っていうことだと思うんですよね。

大川　それって今のハンドメイドブームの先駆けですよ！　売るためではなく個人で作っていた人たちが、今どんどん手作りで売り始めて、プロも作れないようなものも作り始めています。笛木さんご自身も創作活動はやられるんですか？

笛木　私たちは「針に糸を通すのも無理！」みたいな感じです。創作に関しては何も言いませんし、何もしません。スタッフの中で話があったときに「私はこう思います」と言うくらいです。

大川　ちょっといい話ですね！　もしかしたら「何もしない」っていうのが成功の秘訣なのかもしれないですね。

注
5　均一に織る織物ではなく、感じるままに織るという考えのもと、決められたパターンなどがなく自由に織る織物。
6　古くなった布を裂いて紐状にして、材料として使うという織物。さまざまな素材で作ることができる。東北地方で生まれたと言われている。

創作活動だけで成り立つ理由とは？

大川　実際に商品販売だけで成り立たせるのは大変だったのではないでしょうか。

笛木　運営が成り立って順風満帆かと言われると、まだわかりません。ただ、私たちがトゥッティフォルテを始める時に考えたのは、「食品を扱えば売れ残った時に大変だよね」ということです。下請け作業も外国に流れていくし、日本に下請け作業がどれだけくるのかも先が見えませんでした。むしろ、「やるものにもっと価値をつけたい」と考えました。利用者さんが一生懸命培ったスキルを一銭二銭の世界ではなく、1万2万で取引をしたいと思っていたんです。

大川　それは素晴らしい発想です。

笛木　それだったら何があるかなと考えた時に、世界に一つだけのものに、障がいをもっている方の感性という付加価値をつけて、適正な価格で取引できる構造を作ろうと考えました。それで創作活動に特化した事業所を目指しました。

大川　とても理想的ですが、現実は厳しいですよね。他の事業所さんでは、作品や商品が自己満足で終わってしまうケースもあると聞いています。

笛木　裂き織りをやられている他の事業所を見ても、週一回だけだと利用者さんの腕も磨かれないし、スタッフもどう扱ったらいいかわからない状態が多いんですよね。そうなると商品が売れない。売れないと作業時間も短くなる。時間も短いから質が落ちるといった具合に、マイナスの方にどんどんどん転がってしまいます。最初は私たちもどうやって運営していけばいいのかが、まったくわかっていませんでした。織地を縫って商品を作ろうとしても、家庭用のミシンだと針が折れてしまうんです。そこから業務用のミシンを導入するなど、手探りで進めていきました。

大川　利用者さんに芸術的な指導などはしているのでしょうか。

笛木　それぞれの方が持っている感性がそのまま芸術になるので、特に指導はしていません。特に「無難」という言葉を知らないのがいいのではないかと思っています。「自分がこの色が好きだから入れよう」と思って織ると、それが面白くなる。たとえば私が手織りをすると、「ああいうスカートにはこういう色が合うな」とか「茶色系統でまとめようかな」というように、無難な方向に行きがちです。でも、利用者さんは「楽しいからこの色」「面白いからこの色」という感性で織ります。それがものすごい個性を放つ、素敵な織地になるんです。

大川　利用者さんがスタッフからの注文に応じてくれることはあるんでしょうか。

笛木　経験を積んだ方の中には、そういう方もいらっしゃいます。時々、利用者さんから「どっちの色が良い？」とスタッフが聞かれることもありますが、私はいつも「あなたの好きに織って」と答えています。人から聞いてしまうとみんな似かよってしまうので、「あなたらしさを出してほしい」と伝えています。そうすると、さをり織りであっても、その人独自の特徴的な織り方を開発する方もいます。

大川　商品を販売していくのは大変ではありませんか。

笛木　11年前に事業所を立ち上げた時は、障がい者施設の製品を集めて販売していることに特化したお店に置いていただいていました。

大川　多くの場合はそうなりますよね。

笛木　けれども私たちは「作業所で障がい者が作っているからあまり品質はよくないけど高く買ってね」というニュアンスにはしたくなかったんです。あくまでもトゥッティフォ

自分の好きなように織るほうがいいそうだ

ルテというブランドで、「このブランドだからほしい」とみんなに言ってもらえるようなものを作りたいと考えていました。つまり、普通の雑貨店やセレクトショップに置いてもらいたいなと考えていたんです。

大川 それは素晴らしい挑戦です。しかし、そうなると他のブランドとの競争にも勝たなければいけませんよね。

笛木 そうなんです。でも、実際に商品を見てもらうことで、だんだんそういうお店に置いてもらえるようになりました。他では買えないものを、今度は百貨店で売りたいなと思いました。それも障がい者のための催事場という枠ではなく、トゥッティフォルテというブランドで百貨店の催事に出したいと考えたんです。最初は埼玉県熊谷市にある八木橋百貨店に出店することができました。それから東松山の丸広百貨店、所沢の西武百貨店でも販売できるようになりました。

大川 普通の企業でも会社立ち上げから3年でほとんどなくなってしまいます。それなのに10年以上も続いているのはすごい。しかも、知的障がい者が作ったということを売りにせず、オリジナリティあふれた商品としてチャレンジし続けて、実際に売れているのもすごいです。

笛木 自分のお店も持ちたいと思うようになったときに、嵐山町で男女共同参画事業をおこなっている国立女性教育会館の施設とご縁ができました。そこでトゥッティフォルテで作っている商品とフェアトレードの商品を販売する店舗[7]を持つことができました。ここには北海道や沖縄、海外からもお客さんがいらっしゃいました。「着物から作った製品です」というと、多くの方が喜んでお土産に買っていかれます。着物の力ってすごいなと感じています。

注
7 東南アジア、アフリカなどの国々で伝統的な製法で作られた手工芸品を取り扱うフェアトレードショップ「カルテット」（独立行政法人国立女性教育会館内）

コロナ禍の運営と在宅支援

大川 新型コロナウイルス感染症の影響はいかがでしたか？ 利用者さんは安定して事業所に通われていますか？

笛木 コロナになってからは精神的に落ち着かない方が多いですね。コロナ禍でマスクをするのが厳しい方もいらっしゃいました。電車で通所する場合、マスクをつけなきゃいけないことで、精神的な浮き沈みがあったりします。あとはちょっとした体調の変化にも敏感になるので、お休みも増えました。そうなると運営的には厳しいのです。入ってくるお金は減るけれど、スタッフに「来ないでください」とは言えませんからね。そういう意味で、コロナを巡る状況が早く好転してほしいと思っていました。

大川 コロナ禍での運営はどうされていたのでしょうか。

笹木 在宅支援に切り替えました。利用者さんのご自宅に卓上の織り機と縦糸と横糸を送って、好きなように織っていただきました。毎日電話をして、「進捗はどうでした？」「昨日織り終わりました。次はコースターを織ります」というやりとりをして、どんどん自分で進めてもらいました。刺繍をやる方には刺繍枠と布と糸をご自宅に送って作業を進めていただいています。さをり織りの機械は折りたためるものや小型のものがなかったので、多くの方が裂き織りに取り組んでくれました。

大川 在宅支援に切り替えられるということは、利用者さんはすでに職人の域に達しているということなんですね。

笹木 みなさん本当にプロフェッショナルな職人です。ご自宅にミシンがある利用者さんには布を送っています。布を裁断してミシンをかけて商品にするまでをご自宅でもやってくれています。皆さんに自分の感性で商品を製作してもらい、それをスタッフが縫製をして販売をしています。

大川　そうは言っても、商品になる作品を作れるようになるまでには時間がかかるのではないでしょうか。最初から商品になるレベルの織地ができるのでしょうか。

笛木　利用者さんによります。もともと手工芸が好きで、手工芸しかやっていない事業所に魅力を感じて来られる方はレベルが高いです。もちろん、これまでまったく織物をやっていなかったけれど、家が近いので通うという利用者さんもいらっしゃいます。最初のレベルは人それぞれです。

大川　そこからどのようなプロセスを経て職人芸を身につけるのでしょうか。

笛木　裂き織りは失敗しても簡単にほどいてリカバリーできます。みなさん最初は裂き織りから始めて、ゆっくり一連の作業内

トゥッティフォルテの直営店で商品を見せてもらった

容を学んでいただきます。そこからさをり織りに興味がある方はさをり織り、刺繍をやりたい方は刺繍、ミシンをやりたい方はミシンという形で学んでもらいます。高齢などで細かい作業ができない方は着物をひらく仕事や糸を切っていく作業、それらも目が悪くてできない場合は、製品作りの前段階である糸を取る作業をしていただく方もいらっしゃいます。

大川　今はコロナで国立女性教育会館のお店が閉店状態だと聞きました。その間は国や自治体から支援はあったりしたんですか？

笹木　織り機などの物品購入の補助金はありました。

大川　いわゆる普通の補助金ですね。就労B型はコロナに関係なく、もともと利用者さんや事業所にある程度の支援があるのですか。

笹木　利用者さんをお一人お預かりすることによって運営費を頂戴して、そこから職員への給料などを支払っています。コロナの影響で売り上げがゼロということもありましたが、今は特例の給付金で利用者さんへの工賃を支払っています。ただ、運営費が減ってしまうと、新しいスタッフを採用したくても採用できません。設備投資をしたくても、なかなか難しい状態になっています。

自分にあった作業所を探すには

大川　知的障がいをお持ちの方の中には「トゥッティフォルテで仕事をしたい」と思う方もいらっしゃるかもしれません。その場合はどうしたらいいのでしょうか。

笛木　市町村が障がいサービスを受けるために必要な受給者証[8]を発行しています。まずはそちらを取得していただいてから、見学、体験などをしていただきます。その上で通いたいということであればお引き受けするという形です。

大川　もしかしたら沖縄の人で「トゥッティフォルテで働きたい」という人がいるかもしれませんよね。全国的なマッチングアプリのようなものがあればいいと考えているのですが、今はないのでしょうか。

笛木　うちの事業所は利用していません。そのようなサービスはまだ普及していないのではないかと思います（2021年取材当時）。今は地域ごとに「計画相談」[9]という福祉のサービスがあります。受給者証を取るときに事業者と契約を結んで、相談員さんに地域の作業所や障がい者を積極的に雇用している企業などの情報提供をしてもらえるサービスです。事業所を知っている担当者が役所にいる場合は、地元の特別支援学校の進路担当の先生を通して紹介される場合が多いですね。

大川 利用者さんの個性もさまざまだから、もっと全国で情報を共有して、どこからでもチャレンジできる環境にしてほしいですね。実際には相談員や親御さん、他の人から提言されて初めて連れて行かれるような状況が多いと聞いています。そうすると「本人が本当にやりたいのかどうか」という問題も出てきますよね。

笛木 そういうケースは結構ありますね。お母さまが「ここがいい！」と思っても、ご本人にとっては「工場のねじ回しの方が楽しい」という方もいらっしゃいます。

大川 そうそう！ 人によっては延々とそういう作業をやるのが得意という人もいますよね。本人がいろんな選択肢の中から選べるようにしてほしいんです。

笛木 うちの場合は刃物や針を扱うこともあるので、一度体験していただいた方がいいですね。「少し待っていてくださいね」などの指示が通る方でないと、刃物で怪我をしてしまうこともあります。そういうところが大丈夫かどうかのご相談をさせていただいて、双方が大丈夫であれば通っていただくことになります。

大川 インターン制度のように、さまざまな経験を経てから進路を決める制度があってもいいと思っているんです。

笛木 特別支援学校では高等部の1年生のときに学校内で実習を行って、2年生から外部の事業所で実習を行っています。うちも何人か受け入れていて、その後、そのままうちに来る方もいらっしゃいました。実習期間は1〜2週間の短い時間ですが、一応、社会とはどういうものかを経験する機会があります。

大川　もし才能もセンスもあって、その作品が売れたとなれば、ご本人も自立感が芽生えてすごくいいと思います。特別支援学級にいると皆さんに守られている状況があるので、そういった自立感のある成功体験がもっと必要ではないでしょうか。

笛木　うちにいらっしゃる方は5日間で2、3枚の織地ができるので、それをお持ち帰りいただきます。学校で行われた実習の発表会で織地を見た他の生徒さんが「あそこに実習にいってみたい！」と言って、実際にいらしたことがありました。織りは特に自分がどれだけやったかが目でわかります。

大川　形としてわかるのは素晴らしいですね。

笛木　それが成功体験になります。「ああ、今日はこれだけ織れた」とスタッフや保護者の方に報告して達成感を味わっている方もいらっしゃいます。

大川　いまは「ｍｉｎｎｅ（ミンネ）」「Ｃｒｅｅｍａ（クリーマ）」や「ＢＡＳＥ（ベース）」、海外だとアメリカの「Ｅｔｓｙ（エッツィ）」やイギリスの「Ｆｏｌｋｓｙ（フォルクシー）」といった手作りの商品を販売するサイトがあります。トゥッティフォルテの商品が世界的に売れる可能性もありますね。

笛木　新しい作業所には、商品撮影ができるスペースもできました。今後はネット販売にもチャレンジしていきたいですね。

注

8　障害者総合支援法や児童福祉法に基づき運営している福祉サービスを利用する場合に必要となる。市区町村が発行している。障害者手帳とは違い、交付に関する判定や運用も異なる。

9　障がいがある人が利用できる相談窓口にて行われる「相談支援」の業務のひとつ。障がい福祉サービスの利用申請のための利用計画を作ったり、各機関と利用者のために連携・調整をする。

取材後記

□暮らす　□楽しむ　☑働く

実は、自分は外出する時にもトゥッティフォルテのコースターを持ち歩いている。特に夏場はカフェでアイスティーなど頼むと、コップについた水滴がポタポタたれるので、自前のものを使っている。よく水を吸うんだよ、裂き織りは。このコースターを作っている方は、知的障がいと同時に視覚障がいもあり、目があまり見えないことを作品づくりにうまく取り入れている。黒い糸を縦糸に使うことで横糸の色が見えるようになるらしく、製作するうえで便利だからそうしているようだけど、その色合わせが絶妙。どんな場所にも合う作品になっていると思う。テーブルも水滴で汚さないので、気持ちよくセルフサービス返却できる(笑)。先日、オランダのロッテルダム日本人学校で講演をした時に、コースターをプレゼントしたら、芸術がさかんなオランダだからか、子どもたちに人気だった。

トゥッティフォルテさんの裂き織りは細かく色も豊富なので、デパートでよく見る裂き織りバッグと比べても技術があるし、個性的で楽しい。バッグだけでなく、靴を作ったり、デザインをデジタル化してマスキングテープにしたりなど応用が効くのも素晴らしい。

われわれ大川興業は演劇の全国ツアーもやっているが、舞台装置として使っていた布製のスクリーンは通常粗大ゴミとして処分される。何とかできないかと思い、トゥッティフォルテに送り、バッグを作ってもらった。これからは思い出の服や着物などをリメイクして、ランドセルのリサイクルのように活用してもらうのもいいと思う。この技術があれば、伝統工芸の後継者問題についても、知的障がいがある人が一翼を担うことができるのではないかと思う。

今、大量生産・大量消費のファストファッションの影響で、廃棄された服がアフリカに集まっているが、4割は埋め立て地に行っている。今こそ日本の「もったいない」スピリッツを活かし、リサイクルする裂き織りが活躍する時だと思う。

障がい者アートから
シェアビジネスが始まり、
共生社会になる

肥田野正明×髙橋亜紀×大川 豊

肥田野正明
髙橋亜紀

大企業とのコラボレーションで
話題の障がい者アートプロジェクト
まちごと美術館cotocotoは
どこを目指すのか

Profile

肥田野正明　ひだの・まさあき

株式会社バウハウス代表取締役。新潟県新発田市出身。障がい者アートをレンタルする、まちごと美術館cotocoto館長、企業と障がい者のマッチングなどを行う一般社団法人「I have a dream」代表

髙橋亜紀　たかはし・あき

まちごと美術館cotocotoアートディレクター

まちごと美術館cotocotoとは

大川 新潟の街を歩いて、街中の商業施設や企業などに非常に鮮やかでユニークな絵が飾られているのを見てきました。これは「まちごと美術館cotocoto」[1]の仕掛けだそうですが、まずはどんな事業なのかを教えてください。

肥田野 障がいのある作家さんのアート作品を月額3千円のレンタル契約で企業などに展示していきます。作品は3ヵ月に1回、定期的に交換していきます。

大川 絵を売るのではなく、レンタルして展示するのは面白い取り組みですね。

髙橋 私たちは作家さん1作品あたり1ヵ月500円の謝金をお支払いしています。イベントが重なると、作家さんによっては1か月で4〜5万円の収入になるときもあります。

大川 就労継続支援B型事業所[2]の平均工賃が1万5千円前後であることを考えると、すごい金額ですよね。今、契約している企業はどれくらいあるのでしょうか。

髙橋 新潟県内で160ヵ所くらいです。絵の枚数にすると約310枚。私たちが事業を始めたのは2016年ですが、今までに解約された企業は数件ほどしかありません。多くのみなさんがずっと継続してくださっています。

大川　すごい定着率ですが、そもそも何がきっかけで始められたのですか。

肥田野　私たちは元々ビルの清掃をメインにやっているビルメンテナンスの会社で、15年ほど前から障がいのある方の支援を始めました。当時は障がいのある方が職業に就くというと、圧倒的に清掃業界が多かったんです。

大川　そうなんですね。

肥田野　最初はわれわれも障がいのある方々のことをよく知らなかったので、腫れ物に触るような感じで「簡単な仕事しかできないだろう」と思っていました。障がい者の就労といっても、内職とかそういう仕事を想定していたんだと思います。

大川　たしかに「障がい者にもなるべくお仕事を」という感じでしたね。

肥田野　ただ、やはり外に出られる方は軽度の人に限られてしまいます。企業で働ける人は、相当、優秀でないと難しいんです。私はそうした人たちよりももっと多くいるであろう「外に出られない人たち」に興味を持ったんです。

大川　そこに意識がいくのはすごいですね。

肥田野　青年会議所の活動で初めて施設に行ったことが大きいと思います。正直なところ、施設に行く前は「国に擁護されて手厚いケアを受けているんだろうな」と思っていました。ところが実際に行ってみると、私が考えていたのとは真逆で、みなさん、われわれ以上に大変な努力をされていました。施設ではみなさんが創作活動をされていて、そこで初めて見た絵を私はすごく気に入ったんです。

大川　素敵な絵との出会いがあったんですね。

肥田野　「この絵はいいなあ。欲しいなあ」と施設の方に言ったら「売っているんですよ」と言われました。こういう形で貢献できるのかと思って、たしか3万円で購入しました。その次にまたすごくいい絵を見つけたので2枚目も買いました。

大川　(初めて購入したという絵を見ながら）これが初めて買った絵ですか。バリ島の絵のような鮮やかな色彩ですね。

肥田野館長が初めて買ったアート作品はすごい迫力

肥田野　顔が緑色だから、一見すると何が描かれているかは誰もわからないと思います。でもこれ、実は「馬頭観音《ばとうかんのん》」[3]なんですよ。

大川　そうなんですね！　面白い色彩感覚をお持ちなんですね。

肥田野　メキシコの覆面レスラーにいそうな顔ですよね（笑）。私はとにかくこの絵が気に入って、事務所に飾っていたんです。そうしたら、事務所に来たみなさんが「これはどんな有名な作家が描いたんだ」って聞くんですよ。無機質な事務所の壁で絵が煌々と輝いて何かを訴えてくる。どんな商談をしているときも、みなさん気になってしょうがない。「この絵がどういうものなのかをまず教えてもらわないと商談に入れないよ」っていうくらい気になる。それくらい絵に力があったんです。

大川　気持ちはわかります。絵からものすごいエネルギーを感じます。

肥田野　私も絵を見ているうちに、「どうやって作られるのかな」ということが気になりだして、福祉事務所を訪ねたんです。ところが施設でみなさんが描かれた絵は、基本的にずっと眠っているんですよ。描いては押入れに入れて、描いては押入れに入れて。また翌日の朝来て押入れから出して描く。それを繰り返しているから、ほとんど人の目に触れることがないんです。つまり、せっかく素晴らしい絵を描いても、外部から称賛の言葉を言ってもらえる機会がほとんどありません。

大川　実際に見ると素晴らしい絵だけれども、たしかに見る機会は少ないですね。

肥田野　本当に素晴らしい絵がたくさんあるんですよ。でも、さすがにすべての絵を自分で買い取ることは無理ですよね。そこで、「たくさんの絵をレンタルして飾れたらいいなあ」と考えたんです。事務所に飾っているだけでは事務所にきたお客さんしか見られませんよね。「だったらいっそのことたくさんレンタルして、誰もが見られる街中に飾ったらいいんじゃないか」と思いついたんです。

大川　素晴らしい！

肥田野　事業化する前には62社の企業にアンケートを取りました。「こういう絵をレンタルするサービスがあったら事務所で借りてくれますか？　興味ありますか？」と。そうしたら、なんと97%が「興味がある」と言ってくれたんです。

大川　すごい！

肥田野　それでは、月額いくらなら借りてくれますかと聞いたら、「月々3千円」が圧倒的に多かった。これならビジネスとして成立するので、月額3千円で事業をスタートしました。どうしても配達や設置には経費がかかってしまうので、作家さんへの報酬はワンコインの500円です。それが今でも続いています。

大川　ビジネスになるといっても、営業をしなければ契約先は増えていきませんよね。どうやって契約先を増やしていったんですか?

髙橋　さまざまなところに飾られた絵が勝手に営業してくれるような形です。飾られた絵を見た人が「うちも飾りたい!」と問い合わせてくれる形で取引先が増えていきました。営業活動を担当しているのは代表の肥田野一人ですが、肥田野も講演会などで「こういう事業をやっています」と紹介するぐらいで、個々に営業に行くわけではないんです。興味を持った方が問い合わせをしてきてくれます。

大川　なるほど。そうやって順調に契約先が増えていったんですね。

髙橋　ただ、最初の頃は契約先でも「玄関マットのレンタル業者」と同じような扱いを受けていましたね(笑)。私たちは絵を交換するために定期的に契約先の企業を回るんですが、最初の頃は明らかに、「ああ、替えといて」みたいに淡々とした応対で、コミュニケーションも特にありませんでした。ところが、絵を飾っているうちにだんだん企業の対応が変わってくるんですよ。

大川　どういうことでしょうか。

髙橋　絵は継続して3ヵ月間、ずっと会社の入り口などに飾られます。2回目か3回目の交換に行くと、「この絵を描いてる人ってどんな人なの?」「次はどんな絵を持って来たの?」と、いきなり大量の質問攻めにあうんです。「あ、この企業、変わったな」「障がいのある人たちに対する思いが生まれたな」と感じる瞬間ですね。みなさん絵の魅力にすっかりやられてしまうんです。世の中の人は、このビビッドな絵を欲しているんだなと感じます。

大川 玄関マットだと「次はどんなマットだ」とはなりませんよね。

髙橋 そうなんです。ところが絵の場合は、企業側もだんだん楽しみになってくるんです。応接室に飾ってあると、会話のきっかけにもなるし、自慢にもなるそうです。

大川 社会貢献事業という意味も含めてですね。

髙橋 そうです。それ以上に、「この絵、すごいでしょう」って、さも自分の絵であるかのように紹介してくれます。そこから生まれてくる会話もあるので、絵がコミュニケーションツールとして重宝されているんです。

注

1 まちごと美術館cotocotoは、2016年に誕生した新潟県に拠点を置くアートプロジェクト。福祉と経済の両立を目指して作られた。市民が障がい者アートに触れる機会を増やすとともに、作家も継続的な収益が得られる仕組みとなっている。作品を企業や自治体がレンタルし、多くの人に作品を楽しんでもらうというサービスを行う。企業とのコラボレーションなども多数あり、注目を集めている。

2 就労継続支援B型事業所とは、障がいや難病がある人が働くための障がい福祉サービス。企業での一般就労や就労継続支援A型事業所で雇用契約を結んで働くことが難しい人が対象。B型事業所での仕事を通して、社会参加すること、働くスキルを維持向上させること、安心できる居場所を作ることができる。2021年度の工賃の平均月額は16,507円。時給換算では、233円。

3 「馬の頭」をのせた観音さまのこと。馬の守護神として広く信仰されている。

登録作家になるには審査がある

大川　まちごと美術館でレンタルされる絵を描く作家さんとは、どこで出会っているのでしょうか。

肥田野　最初はやはり清掃事業からのつながりですね。特別支援学校やテクノスクール[4]という技術訓練をするところに、私たちがお掃除を教えに行く機会に知り合います。私が最初に行ったのは２００８年でしたが、当時も障がい者は就職難の時代でした。今とは時代背景が全然違いましたね。

髙橋　最初は福祉関係のキュレーターが集めた15人ぐらいの作家さんたちがベースになっていました。そこからは親同士の口コミで「いい人いるよ〜」と紹介されたり、噂を聞きつけると私の方から出向いたりしています。街に飾っている絵には電話番号やウェブサイトのアドレスが書いてあるので、親御さんが「絵を見ながら電話しています」と売り込みされることもあります。そこで審査をして、受かった方が登録作家になります。

大川　審査があるんですね。

髙橋　はい。簡単にいえば、「もう一回見たくなる絵を描く人」は即採用です。私たちまちごと美術館は、街に飾ってあるところで足を止めてもらって見てもらわないとその先に進めませんからね。

大川 今、作家さんは何人くらいいらっしゃるんですか？

髙橋 27人ですね。

大川 誰でも絵を描いて、誰でも展示できるわけではないんですね。

髙橋 はい。それをやっていたら、たぶんうまくいっていなかったと思います。

大川 わかります。われわれのお笑いイベントもそうです。フリー、事務所所属など関係なく、だれでもお笑いにチャレンジできますが、だれでもライブに出演できていたら、誰もブレイクしないまま終わっていたと思います。ネタ見せ（オーディション）に来ることで、どんどん実力がつき、それが自信になるので、芸人たちは一番大切にしています。ちゃんとした作品を認めるとか、努力を認めるとか、才能を認めるっていうふうにしないといけないんですね。

髙橋 一般の人たちは、障がいのある方の描く絵がどういうストーリーのもとで生み出されているかを知りません。だから純粋に作品として一般の人の目に止まるようなものであることが重要なんです。障がい者アートの展示会があっても、福祉関係者か親族がほとんどなのはそこが理由だと思っています。

大川　なるほど。

髙橋　一方で、まちごと美術館のバックにあるストーリーも知っていただくと、「この前展示会見に行きました」って一般の方から連絡をいただいたりするんです。やっぱり、まちごと美術館を入り口として、より深い方に入っていきたい人はいるんですよね。そういう一般の人たちを呼び込むためにも作品選定は必要です。それがあるから一般の方も展示会に来てくれるんです。

㊟4　テクノスクールは職業能力開発校のこと。自治体によっては、障がい者のための職業訓練校もある。

作家にも家族にも変化が生まれる

大川　契約している企業は作家さんの絵を選べるんですか。

髙橋　はい。「ご自分で選ぶことも、私たちにお任せいただくこともできます。

肥田野　ホームページで選べます。今はどこに飾ってあるかもちゃんと書かれているので、障がいのある人たちやご家族も、自分の絵が今どこにあるのかわかります。

髙橋　実際にご自身の絵が飾られている場所をスタンプラリーのように訪ねて報告してく

れる親御さんもいらっしゃいます。その作家さんご本人は会話が不得意なんですけど、自分の絵が飾られているところに行くと表情が柔らかくなるんですって。喜ぶっていうのが親としてもわかるそうなので、新しく絵を飾りましたっていうお知らせがいくと、だいたいその場所に行って写真を撮ってくださいます。

肥田野　結構、大きめの場所に飾られることもあります。区役所の事業で「駅の構内を美術館にしよう」という企画があったときには、「今まで行ったことのない場所に一人で電車に乗って行ってきました」と教えてくれることもありました。街中に展示されると、目的地ができて出かけるきっかけにもなります。

大川　他人に見られるということで、作家さんの作風も変わってくるんでしょうか。

肥田野　まず、顔つきが変わってきますね。

髙橋　そして、時にはしたたかになっていきます。ウケる絵を狙うようになります。「新潟県ならトキを描けば絶対採用されると思う」とか(笑)。それがとっても面白い。

大川　ご家族の方の意識にも変化が現れるのでしょうか。

髙橋　はい。特別展示のときには絵以外の創作活動をしてい

障がい者アートは街を元気にしていた！

る方の作品も飾ることがあります。以前、「拾った髪の毛を等間隔に玉結びにしていく」という作品に出会ったことがあります。

大川　ええっ！

髙橋　ブラックジャックでもそんな細かいことできないよ、っていうくらいの細かい作業です。普段から施設の更衣室に落ちている髪の毛を等間隔で玉結びにしていたんです。その方はそれをご自宅に持って帰ってきていたそうなんですが、その方のお母さんは「誰の髪の毛かわからないから気持ち悪い」と思っていたそうです。ところがその作品を新潟のアール・ブリュット・サポートセンターが展示用のきれいな箱に入れて展示したんです。その他にも、レシートや振込用紙、弟さんのテストの答

肥田野館長と髙橋さんにたくさんの作品を見せてもらった

案用紙をハサミで切って切り絵のようなきれいな模様を作っていらしたものを展示したんですね。

大川 テストの答案用紙！ 面白い！

髙橋 ちょうど悪い点数のところを切り取っていたりして。

大川 そこがいいですね！

髙橋 それがすごく面白い。どんなに小さなものでも切って模様を作っていくわけです。その展示を見たお母さんが、「今までは作り出された作品が気持ち悪いとか役に立たないって思っていたけど、あんなにきれいに飾ってもらったら、うちの子が誇らしく思えてきちゃったわよ」という話をされていました。見方によって変わるものなんですよね。確実に世界が広がります。私たちは絵を紹介していますが、私としては「人」の方が断然面白いと思っているんです。みなさんにストーリーがある。

大川 どうしても福祉系は「活動をしてもらって落ち着いてもらおう」みたいな考えで行われがちです。そんな中で、作品にしようとか、収益を上げようという発想になるのは素晴らしいと思います。

髙橋 みんなが絵を描いているところに遊びに行くと面白いですよ。私は3ヵ月から半年に1回、作家さんを発掘する意味で施設に行くんですね。私が「こんにちは～」って入っていくと、みなさんいきなり真面目ぶるんですよ。

大川　入った瞬間に描き始めるんですか（笑）。

髙橋　自分の絵が選ばれたいから、いい格好をしたいんですよ。だから私が誰かの絵を見ながら、「この色すごいね」なんて言うと、みんながすごく聞き耳を立てています。

大川　聞いていないようで、ものすごく聞いていますよね。

髙橋　そうなんです。「あいつ褒められたな」、「私褒められてないわ」とか。そういう激しい人間模様が見られてすごく楽しいんですよ。

肥田野　もちろん全員褒めていくわけだよね。

髙橋　そうなんです。でも、そういう競争心は必要です。家族でも施設員でもない人間が入ることによって、中だるみしていた施設の雰囲気がキリッと引き締まるんです。外部の人間の介入はとても必要なことで、施設の人からも定期的に顔を出してくださいと言われています。他人に認められると目つきが変わるし、絵のタッチが変わります。私は何度も見てきたからわかりますが、絵が雑だったものが、急激に洗練されていって、見ている人がどんどん惹きつけられる作品になっていくんですよ。いっぱい外に出ることによって、「待ってくれる人がいる」っていう感覚を掴んでくれるのかもしれません。「私の絵を見たがっている人がいるから私はがんばる」という変化が顕著にみられます。

大川　それを傍で見ているのは楽しいでしょうね。

髙橋　本当に楽しいですよ。街中で絵を見た人から突然電話がかかってくることもあります。この間は「目の前に絵があります。この絵を見て、私、涙がとまらないんです。どうしてでしょうか」と泣きながら電話してきた女性もいました。そのエピソードを作家さんに伝えると、さらにそれがモチベーションに変わるんですよね。

最終ゴールは共生社会づくり

大川　最初に絵を買ってもらった作家さんは喜んだんじゃないでしょうか。

肥田野　そうですね。私が1枚目の絵を買ったとき、その作家さんは絵が売れたお金で施設のみんなにお寿司を振る舞って一晩で使い切っちゃったそうです（笑）。あとになって施設の方が教えてくれました。

大川　豪快ですねえ（笑）。

肥田野　それじゃあ2枚目の絵を買ったときは何に使ったんですかと聞いたら、「施設の掃除機が壊れたから、オレが買って寄付してやった」って言うんです（笑）。

大川　太っ腹だ！

肥田野　私は逆に「いつ自分のためにお金を使うのかな」ってことが気になって気になってしょうがなくなりました。つまり、また絵を買いたいな、と思った。

大川　素晴らしい化学反応が起きていますね。

肥田野　そうしたら作家さんご本人も意識していたらしくて、「あの肥田野という人間は絶対にまたオレの絵を買いに来る。今度絵が売れたら観光バスを仕立ててみんなで旅行に行くぞ。オレがバスを運転する」とみんなに吹聴していたそうです(笑)。施設のみんなからは「絶対ムリだろう。そもそもお前、バスの免許持ってねえだろ」なんてツッコまれていたそうです。

大川　聞いているだけで楽しくなるエピソードですね。

肥田野　私もそれがもう楽しみで楽しみで仕方がありませんでした。自分のためにお金を使うんじゃなくて、みんなで喜びを分かち合う。とにかくみんなで喜びをシェアするんだなあと驚いたわけです。その感覚がわれわれにはないものだな、面白いぞと思いました。

大川　いやあ、本当に面白いですねえ。自分もいろいろな施設に行っていますが、障がい者のみなさんは大きな可能性をお持ちですよね。たとえば福島では、知的障がいのある方が野菜のカットと袋詰をする仕事をしているんです。お父さんが「自分が死んだ後にも仕事ができるように」と息子さんに仕事を教えたんですが、その作業スピードがものすごく早い。もう、超人的なスピードです。私たちが施すとかお世話をするという感覚ではなく、逆に障がい者の方に助けてもらおうという感覚になってもいいと思います。

髙橋 その感覚は本当によくわかります。私よりも優れているものを持っている人がたくさんいるけれど、たまたまその機会がないだけなんですよね。機会や場所さえあれば、みなさん、ものすごく輝きます。

大川 仕事が楽しくて自分で働きに出たくてしょうがなくなって、自閉症だった子どもが車の免許まで取得して車で仕事に通っているケースも知っています。

髙橋 そう考えると、「この子たちを外に出さなきゃ」って、ものすごくワクワクしますよね。

大川 そうすればわれわれも逆に元気になりますよね。いろんな仕事も助かる。日本は全然人手不足じゃないと思います。

肥田野 今、4時間以下の労働は社会で「労働」としてカウントされていません。しかし、2020年時点で就労継続支援A型事業所とB型事業所のすべてを集めた利用者人口は34万人[5]もいたんです。私は「障がい者の存在を忘れていませんか」と思うんですよ。

大川 その通りです。ウーバーイーツのようにシェアビジネスで時短勤務をしたり、1人でしていた仕事を2人でするなど、DXで多様な仕事ができると思っています。

肥田野　障がいのある方々もいきいきと働くことができる。人の役に立つ仕事を一緒にやっていくことができる。そんな思いで別の会社も立ち上げてマッチング事業[6]も始めています。これは短時間雇用にこだわるのではなく、私たちが企業と施設の真ん中に入ることで施設内就労をどんどん増やしていこうという考え方です。

大川　そういうのを待っていました！

肥田野　障がいがある方に仕事を発注したい企業もあります。一方で、福祉施設にはその仕事を十分にこなせる方もいます。ところが施設には営業マンがいないので、どうやって受注したらいいかがわかりません。価格の相場もわかりません。だから内職の仕事を渡されても、すごく安い賃金で働くことになってしまうんです。私たちが企業と施設の間に入ってマッチングすることで、フェアな価格交渉が可能になっています。

大川　マッチングの手数料もいただいて、ちゃんと継続したビジネスとして成り立っているのは素晴らしいですね。

肥田野　私たちはアートがゴール設定じゃないんです。アートを通じて、まずはコミュニケーションを取る。そこからふれあいや交流会が始まって、その次の段階として障がい者と一緒に働く。私たちの最終ゴールは共生社会づくりだと思っています。

大川　まちごと美術館よりも壮大な目標があるわけですね。

肥田野　たとえば、私は先日、ハンコづくりの会社に行ったんですよ。最初は「障がい者がいっぱい働いている」という情報だけを聞いて行ってみたら、その会社ではハンコづくりを障がいのある方が教えていたんです。私は勝手に「健常者から与えられる仕事をやるのが障がい者」と思っていたんですが、その構図が私の中で完全に逆転しました。健常者が障がい者の下でも働ける。与えられた作業をこなすんじゃなくて、ちゃんと目標をもってやっていける人たちをもっと増やしていきたいと思いました。

大川　素晴らしい！　ある施設では指導する健常者の方から「私よりも技術が高度なものづくりをしています。この集中力は、新しい技術を生む」と聞きました。

肥田野　2017年にスタートしたマッチング事業は市場が今8倍になりました。たとえばうちの会社の規模でいうと、「障がい者を雇ってください」と言われても、がんばって2人くらいが限界なんです。3人になると職員が疲弊してしまいますからね。

大川　たしかに、施設でも職員の方が噛みつかれたりと、ご苦労されているという話もたくさん聞いています。

肥田野　だから私たちは人数ではなくて労働時間で換算しています。そうすると、今は16・6人を雇っている計算になるんですね。障がい者を固定して人数で雇用するのではなく、総労働時間を増やすという考え方です。企業からすれば、対価に見合った仕事をしてくれればいいわけです。たとえば1人分の仕事に対して障がい者が2人来ようが3人来ようが、企業にとっては関係ありません。その仕事を終わらせてくれればいい。就労A型であろうが就労B型であろうが、まったく関係ないんですよね。

大川　発想の転換ですね。

肥田野　今までは清掃関係の仕事だけでしたが、私たちが企業側と施設側との間に入ってマッチングをすることで、すべての仕事が受注できるようになりました。そういうふうにして、みんなで地域を底上げできたらなと思っています。

注

5　厚生労働省社会・援護局障害保健福祉部障害福祉課の資料「障害者の就労支援について」の中の就労系障害福祉サービス事業所の利用終了者の状況について（令和元年度）によると、就労継続支援A型の利用者数は72,197人、就労継続支援B型の利用者は269,339人とある。

6　障がい者を含む多様な人の雇用を支える、企業と働き手のマッチングビジネス。一般社団法人「I have a dream」として発足。肥田野さんは代表を務める。このサービスは企業の困りごとやニーズに合わせながら、働き手は短時間でスキルに合った仕事ができることが大きなメリット。

取材後記

□暮らす　□楽しむ　☑働く

まちごと美術館がレンタルで貸し出している作品を訪ねて回った。契約先が県内160社もある。スーパー、バス停、橋、駅前歩道の工事を説明する看板など多岐にわたる。バス停で、絵をキッカケに大川興業スタッフが地元の方々に話しかけてもらって盛り上がっていたのにはびっくりした。スーパーでは、ずーーっと絵を見ているお客さんがいた。自分も「何かな」と思って見ると、一見するとカラフルな風景画だが、よく見ると絵柄の中にびっしりと細かい線が書き込まれている。「え！あーーーーー、迷路だ!!」と声を出してしまった。絵柄の中がすべて迷路になっていて、めちゃくちゃ細かい。本当にスタートからゴールがきちんとつながっている。こんなすごいものは世界で大ブレイクしてもおかしくない、NFTアートとして大人気になってもいい作品だった。これで新潟に巨大迷路を作成して欲しい。

まちごと美術館cotocotoが面白いのは、芸術作品のレンタルだけではない。今はDXが進んだおかげで、知的障がい者の労働時間のレンタル、お手伝いのシェアビジネスにまで発想の幅を広げている。現状では1時間では労働として認められない。でも、ゴレンジャーのように5人で1日8時間を分担してもいいはずだ。もしくは、医師による体調管理が必要だけど、集中力がある間はずっと働きたい人もいる。裁量労働制などで連続2日間は休むとか障がいにあわせた働き方があってもいい。日本の政治家や官僚には、障がい者のもっと自由な働き方を考えてもらいたい。そうすれば、障がいがある無しに関係なく、活躍する可能性を大きく広げられると思う。

そして、まちごとワークシェアリングからまちごとスポーツ、まちごとコミュニケーションなどいろんな展開ができそうだ。ぜひ「まちごとお笑いライブ」もやって欲しい。そうなったあかつきには、大川興業でもレンタル芸人、ウーバー芸人、出前芸人を派遣したい（笑）。

チョコレートでみんなが輝く
多様な凹凸を持つ人が働く職場

夏目浩次 ✕ 大川 豊

夏目浩次

知的障がい者の一般雇用を可能にした久遠チョコレートの挑戦を聞いた

Profile

夏目浩次　なつめ・ひろつぐ

久遠チョコレート代表。1977年、愛知県豊橋市生まれ。2003年に脱サラし、愛知県豊橋市において障がい者雇用の促進と低工賃からの脱却を目的とするパン工房（花園パン工房ラ・バルカ）を開業。その後、パン事業や印刷事業など多岐にわたる事業展開を実施し、障がい者の低工賃問題に取り組む。2014年「QUON（くおん）チョコレート」を立ち上げ、現在全国40店舗（製造のみの拠点も含めると60拠点）において、約700人以上の障がい者や多様な方々が働くチョコレートブランドとして成長している。久遠チョコレートを追った東海テレビ製作のドキュメンタリー「チョコレートな人々」が2022年に映画化され、全国放映された。

多様な仲間と一流のサービスを目指す

大川　夏目さんと久遠チョコレートの取り組みは『チョコレートな人々』[1]というドキュメンタリー映画にもなっています。今回は夏目さんに愛知県豊橋市にあるＱＵＯＮチョコレート本店、ＱＵＯＮチョコレート&ドゥミセック、ＳＤＧｓラボ、パウダーラボ、パウダーラボセカンドなど、豊橋市内の拠点[2]を複数案内していただきました。障がいのあるなしに関わらず、みなさん本当に楽しそうに働いていたのが印象的でした。今、久遠チョコレートは全国に何拠点ぐらいあるんでしょうか？

夏目　全国に60拠点あります。働いてくれているスタッフは全体で約６５０人で、そのなかで障害者手帳や療育手帳を持たれている方は約３００人います。手帳は持っていないけれども、いろんなことで暮らしにくさや悩みを抱えているスタッフも１２０人ぐらいいます。

大川　知的障がいがある方だけでなく、精神疾患があったり、引きこもりや不登校だったりする子たちも受け入れているんですね。

夏目　本当に色とりどりですね。子育て中のお母さん、介護をされている方など、時間的な制約を受ける方も多く働いていてくれています。トランスジェンダーの方もいらっしゃいます。僕らはとくに「障がい者」を力んで表に出したり隠したりすることはしていません。人間は多様で、人にはいろいろ凸凹があります。いろんな人がいて当然ですから、みんな一緒に働いて一流を目指していこうと考えています。

大川　ちなみに久遠チョコレートの売上はどれくらいあるのでしょうか。

夏目　昨年の売上は17億円[3]でした。

大川　それはすごい！

夏目　人間にはそれぞれできること、できないこと、得手不得手、凸凹がいろいろあります。みんなの特性をパズルのように組み合わせて、それでも成長していくことを目指すのが社会のあるべき姿だと思うんです。

大川　自分は精神疾患がある人も引きこもりの人も不登校の人も、みんな関係なく働けたらいいなと思っているんです。でも、今の福祉事業所は療育手帳を持っている人を対象にすることで収益を上げている面も大きいですよね。だから療育手帳を持っていない人はな

久遠チョコレート本店。カカオのいい香りがただよう

かなか受け入れてもらえない現状があります。

夏目　そういう枠組みや制度は時代とともに必要だったんだろうと思います。でも、僕らはそのうえで次なるステージを作りたい。本人ががんばりたいと思ったら、いくつかの選択肢があるフラットな社会にしたい。仮に失敗したとしても、「大丈夫。完璧じゃなくてもいい」と言い合える社会。青空みたいなシンプルな社会にしたいんです。

大川　今は全国にフランチャイズのような形でお店があるのでしょうか。

夏目　そうですね。全国60拠点のうち45拠点はフランチャイズになります。特に最近多いのは、「うちは地方で山の中にいるんですけど、働く場所を作りたい」とか、「親子でやりたい」というお母さんの声がたくさんあります。たとえばフィナンシェにチョコレートをつける商品であれば、少ないスペース、少ない資本で、いろんな種類の美味しいものを作ることができます。地方とか山間部でも、そこにしかないものを求めてきてくれるお客さんがいるようなお店も作っています。

大川　ガレージベンチャー[4]みたいな形でもいいわけですよね。

夏目　これまでお店を出すと言えば、駅前とか繁華街とか、人通りが多いところに作るのが普通でした。そういう経済のセオリーをぶち壊したいんです。商売の原点は「どういう思いで何をやっていくのか」だと思っています。

大川　フランチャイズに参加したい人はどうすればいいんでしょうか。

夏目　最初の1年間はお断りし続けます。今度、5店舗ぐらい新規開店しますが、コロナの前からずっとお断りをし続けてきました。決して偉そうに選別しているわけではないんです。お店を開くということは、人を雇用して人の一生を背負っていくことになります。お互い不幸になってはいけないから、すべてを開示して、冷静に考えてもらう時間を作っています。

大川　会社としては、すぐにフランチャイズを出せばお金は入りますよね。どんどん増やしても、本店には大きなリスクはありませんよね。

夏目　確かにそうですが、僕らはそれをやりたいわけではないんです。みなさん最初は隣の芝生が青く見えて来られます。だけど一般企業でも、お店を出しても誰もお客さんが来ないことは珍しくありません。長く続けなくては意味がありません。1年間かけてお断りして、それでも冷静にやりたいと思ってくれる方に参加してもらいます。

大川　本当にやる気があれば認めてもらえるということですよね。

夏目　僕らは誰かにあげたいもの、可愛いもの、かっこいいものを、可愛い制服を着たスタッフが可愛い場所で売っている。そこにしかないものを買いに来てもらいたいんです。

大川　お店は内装もユニフォームもすごくおしゃれでした。店舗が大きなガラス張りなのもいいですね。

夏目　みなさんの働きを街の人にちゃんと見てもらいたいんです。いろんな人が働いているのは決して特別なことではないし、特別なことだと映ってもいけない。堂々と見てもらうことが必要だと思っています。

大川　今は何種類のチョコレートを扱っているのでしょうか。

夏目　500種類以上あって、カタログに載らないくらい増えました。ベースとなるチョコレートは約30ヵ国のカカオを使っています。それぞれいろんな個性があって、ヨーロッパに近いアフリカのものは気品があるし、南米のものはサンバのように荒々しい。ベトナムなどアジアのものはフルーティな香りが高い。それから同じ国でも産地が違えば味は違う。その年の気候でも味わいが変わります。

大川　コーヒー豆でもブラジルとかキリマンジャロとかいろいろ種類がありますよね。チョコレートもそれくらい違いがあってもいいわけですよね。

夏目　多様性があると本当に面白いんですよ。最初にカカオの味がドーンとくるものもあ

アイスやドリンクなど商品ジャンルが幅広い

れば、最後のところでカカオの味がグワッとくるものもある。発酵のさせ方でも味が違ってきます。人間もいろいろあるように、チョコレートもいろいろ味わいがあっていい。世界のチョコレートに日本のいろんな食材を混ぜ合わせることで、みなさんが自分の好きな味わいを見つけてほしいですね。

注
1 2022年東海テレビ放送製作・鈴木祐司監督作品。久遠チョコレートの19年の歩みを追ったドキュメンタリー映画。
2 2003年、豊橋市内に開業したパン工房「ラ・バルカ」から夏目浩次さんの挑戦がスタートした。以後、豊橋を拠点にチョコレート事業を拡大している。
3 フランチャイズを含めた年間売上額の推移を見ると、2020年度は8億7800万円超、2021年度は12億7千万円超、2022年度は15億7300万円超と、業績は毎年驚異的に伸びている。
4 文字通り、自宅のガレージや小さなオフィスから小資本・無資本で起業すること。アップル、アマゾン、ヤフーなどは成功したガレージベンチャーの一例。

チョコレートは「誰も排除しない食材」

大川 そもそも夏目さんは何がきっかけで久遠チョコレートを始めたのでしょうか。

夏目 最初はチョコレートではなくてパン屋さんでした。今から20年前、3人の知的障がいの方を一般雇用してパン屋さんを始めたのが原点です。最初の目標は最低賃金を上回る給料を出すことでした。

大川　それまでにパン作りの経験はあったのですか？

夏目　ありませんでした。福祉系の大学に行っていたわけでもありません。僕はもともと大学院で都市計画学をやっていて、駅のバリアフリー化に取り組んだときに、初めて障がいのある方と接点ができたんです。そこから交流を重ねていく中で、障がいがあるというだけで働く選択肢がぐっと少なくなる現実を知りました。そもそも知的障がいの方には働く場所もありませんでした。日本はめちゃくちゃ豊かな経済大国なのに、それはおかしいじゃないかと思ったのが事業を始めたきっかけです。

大川　周囲から反対されなかったんですか？

夏目　当然ながら周囲は猛反対でした。ただ、パートナーは反対しないで受け入れてくれました。今まで一度も反対されたことはありません。

大川　それもすごいですね。自分は映画を観て知ったのですが、パン屋さんを始める時にはカードローンで借金をしたそうですね。

夏目　はい。日本は30分ぐらい消費者金融の無人契約機に入ると300万円も借りられるんです。その点はいい国だと思いました。

大川　自分も借金王なので「消費者金融で1日にいくら借りられるか」に挑戦したことが

あります。でも、本当に金利が半端じゃなく高いんですよね。

夏目　いつも金策をして、期限が迫ったものから順番に払う日々でした。

大川　夏目さんも自分と同じ「借金王」だったんですね（笑）。

夏目　でも、振り返ってみるといい思い出しかありません。同世代の友人は就職した会社の中で出世していきましたが、一緒に飲んでも会社の愚痴しか言わないんです。話を聞いていてもつまらない。その点、自分は幸せな人生だと思っています。

大川　パン屋さんの他にも、印刷、配送、カフェ、クリーニングなどの事業もやられていたそうですが、チョコレートの製造販売を始めたのはいつからですか。

夏目　２０１４年です。異業種交流会でショコラティエの野口和男《のぐちかずお》さん[5]と偶然出会ったことがきっかけでした。野口さんから「正しい素材を正しく使えば、誰にでもおいしいチョコレートは作れる」と教えてもらったんです。

大川　障がい者の就労支援というと、補助金が出るのでパン屋さんをやりがちです。でも、実際のパン作りは工程も複雑で大変だから、結局、健常者の職員がフルで働いてパンを作ってしまう状況をいろんなところで見聞きしてきました。

夏目　パン作りは最後の工程の「焼き」で失敗すると、もう捨てるしかありません。だから厨房にはものすごい緊張感が走ります。賞味期限が短いから、売れ残りが出ると困るし、単価も高くない。ところがチョコレートはカットを失敗してもいいし、形がおかしくなっちゃったら、もう1回溶かしてやり直せばいいいんです。

大川　何度も溶かして味は落ちないいんですか。

夏目　数回までなら大丈夫です。変なプレッシャーや緊張感を排除できるので、障がいがある方でも自分のペースで働けます。作る過程で誰も排除しない食材です。

大川　再チャレンジもできる食材なんですね。

夏目　チョコレートは値段も高いので、もともと粗利率が高いんです。パンは1つの商品を作るのに4~5時間かかります。失敗もあるし、火傷をする可能性もある。ところがチョコレートは1つの商品を作るのにかかる時間は約40分。40分で3万円分の商品を作ることができます。加えて単純作業の繰り返しで作れることも特徴です。工程を分解できるから、3人で分担して作ることもできます。一人で黙々と全工程をこなして作る人もいます。利益率が高いから、労働生産性が落ちません。

大川　夏目さんに案内していただいたパウダーラボでは、重度の知的障がいがある方々が働いていました。区分でいうと、いくつぐらいの方が働いているんですか。

夏目　区分5~6の方が多く働いてくれています。一人暮らしをしていて、家から40分くらい歩いて職場に通っている人もいます。

大川　平均すると工賃はいくらぐらいになりますか。

夏目　パウダーラボでは、1日5時間働いて、22日仕事に来ると5万円以上になります。

大川　工賃で5万円はすごいですね！

夏目　生活介護[6]と言われるところへ行かれている、障がいが重い方もたくさん働いてくれています。世の中的には「障がいが重たいから働くことは難しいよね」というロジックになっていますが、それは絶対違うと思っています。

大川　自分もその考え方に賛成です。

夏目　生活介護へ行かれる方々は、工賃1万5〜6千円[7]の母数に入りません。つまり、工賃を払っても支払わなくてもいいというような仕組みになっています。民間団体の調べでは、彼らが貰うのはだいたい月額工賃3千円[8]ぐらいではないかと言われますが、本当に3千円の価値なんでしょうか。僕らはそこに一石

パウダーラボで働くバディさんたち

を投じたいと思っているんです。

大川　5万円の工賃と年金を合わせると、どれくらいの収入になりますか。

夏目　年金をあわせると約13万円ぐらいですね。

大川　重度の方には、親御さんが先に亡くなった後にどうやって自立して生活していくんだという大問題があります。だけど今は大前提として「みんな仕事ができない」という共通認識になってしまっています。だから解決策が見えていません。

夏目　よく、「すごいことをやっていますね」と感心されるのですが、僕らはそんな感想が欲しいわけじゃないんです。久遠チョコレートの事例を、豊橋という田舎の小さな一ブランドの話で終わらせてはダメだと思っています。障がい者は働けないわけではないし、責任のある仕事を任せられないわけでもありません。弊社にはいろんな産地のチョコレートにドライフルーツやナッツなどを混ぜた「QUONテリーヌ」という人気商品がありますが、これらはすべてスタッフが手で切っています。この看板商品の一番難しい工程は最後のカットですが、ここも障がいのある方にお任せしています。高校時代から働き始めて5年間、真面目にコツコツ取り組んできてくれたから、カットすべき最良のタイミングがわかる。だから安心してお任せしています。

大川　障がいのある方が仕事をすることで変わっていくこともありますか？

夏目　あります。パウダーラボでナッツの下処理をお願いしている人は、最初は立ち仕事の経験がなかったため座って仕事をしていました。でも、1ヵ月も経たないうちに自分の役割や存在意義をみつけて、今はみんなと一緒に立ち仕事をしています。

大川　素晴らしいですね。

夏目　箱作りをおまかせしているのは区分6の方です。もう熟練しているので手元を見ない「ノールック」で箱を大量に折ってくれています。

大川　ブラインドタッチで、歌いながら作業をしていて、めちゃ楽しそうでした。

夏目　ピタッとハマりましたね。最初は多動特性[9]も頻繁に出ていたのですが、箱折りを始めてからは、ほぼ座ってお仕事をしています。商品を包装する六角形の箱は何万箱も折るので今までは外注していましたが、折りが弱かった。しかし、彼はしっかり早く折ってくれます。誰かに必要とされることは、本当に人間を幸せにするのだと思います。

大川　医療的ケアだけでなく、社会がちょっと寄り添えば上を向ける人たちがたくさんいるんですよね。

注

5　高級レストランやファッションブランドのチョコレートをプロデュースするトップショコラティエ。人材育成やチョコレート文化普及のための活動も行う。久遠チョコレートのチーフショコラティエを務める。

6　生活介護とは、障がい者福祉サービスのこと。食事・入浴・排泄など基本的な生活を支援する介助サービス。

7　厚生労働省が発表する就労継続支援B型事業所の2020年度の平均工賃は、1万5776円で、時間額にして222

円。２０２１年度の平均工賃は月額1万６５０７円、時間額にして、２３３円。

8　就労継続支援Ｂ型事業所の最低工賃が月額３千円と決まっている。工賃は原則として給付費から支払うことはできないため、生産活動で利益を出さなくてはいけない。

9　じっとすることや静かにしていることを苦手とする特性。騒いだり、動き回ったりと落ち着きがなく、突発的な行動をしてしまうこと。

個性に合わせた働き方を本気で考える

大川　ＳＤＧｓラボは就労支援施設でいうとA型、Ｂ型、どちらになりますか。

夏目　どちらにもなりません。通常の雇用になります。パウダーラボ以外の事業部は、通常雇用となり、愛知県の最低賃金以上[10]を支給しています。このラボで働く皆さんは、以前はＢ型などに通われていました。Ｂ型だと平均工賃が1万5～6千円ぐらいですね。僕が20年前にスタートしたときが1万円ぐらいで、それからほとんど変わっていません。

大川　今、こちらの工賃はいくらぐらいですか？

夏目　一般雇用なので時間給が９９０円以上です。働く方で、だいたい月に16～17万円ぐらいになります。

大川　17万円！　それはやりがいがありますね。

夏目　子育て中のお母さんたちも働いています。子育ては自分以外の時間軸で生活をしなきゃいけないから、一般企業では「15時に帰られちゃうと困る」とか「土日に来てくれないと困る」と言われて敬遠されるんです。でも、子育て中のお母さん方は15時までの段取りがめちゃくちゃいい。たとえば19時に工場出荷していたものを17時に変えるとか、社会の側が本気になって仕組みを変えていけば、もっと楽しく働ける方たちがたくさん増えると思っています。

大川　一般企業でも、週3回しか出られない人、午前中しか出られない人でも働ける仕組みづくりをしたらいいわけですよね。

夏目　本気でやれば必ずできるはずです。たとえば弊社には、高齢の親御さんがデイサービスに行っている間だけ働いてくれる方が何人もいらっしゃいます。

大川　先ほど「介護が始まってから働き始めた」という方にお話をうかがったら、「自由に帰れるのがいい」とおっしゃっていました。社会的には介護離職が問題になっていますが、逆に介護が始まってから働ける会社は最高ですね。

夏目　表向きには「勤務時間は自由」と言っている会社でも、実際は自由じゃなくて帰りづらいんです。ところがうちの会社は本人が言い出す前に「もう帰っていいよ」と言われます。おそらく社長がいいんじゃないでしょうか（笑）。

大川　いい社長ですね！

夏目　会社の愚痴を言いながら働いている人が多い世の中にあって、「働けてありがたい」と感謝しながら働いてくれるのは、会社にとっても大きなメリットです。

大川　こういう循環がもっとできればいいですよね。映画やドキュメンタリー番組を見て、「久遠チョコレートに就職させてください」という問い合わせが全国からたくさん来ているのではないでしょうか。

夏目　来ます。でも、企業なので採用人数も決まっているし、限界はあります。だから、日々悶々とするんですよね。問い合わせをくださる方々は本当に「ようやく見つけた一筋の光」みたいな感じで問い合わせてくれるんです。どうしてこの国には一人ひとりの周りに少なくとも2つ、3つ、4つ、いや、5つぐらいの光や選択肢がないんだろうなと強く思いますね。

大川　強度行動障がいで本当に困っている親御さんは全国に多数いらっしゃって、自分もたくさんの相談を受けています。施設に入れたくても入れなくて困っている人がたくさんいます。強

夏目社長がお店や工場を案内してくれた

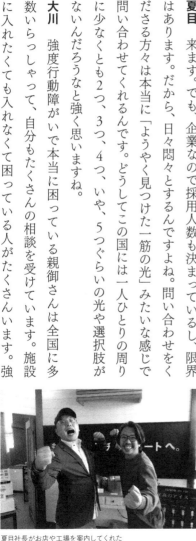

度行動障がいの方も受け入れているのでしょうか。
夏目 はい。受け入れています。
大川 たとえば一緒に働いている皆さんに暴力を振るうことはありませんでしたか。
夏目 うちは利用者さんという呼び方ではなくて、バディ、仲間と呼んでいます。バディさん同士で怪我をしてしまう方はどうしてもいらっしゃいますね。
大川 他害行為があった時の保険[11]に入っているんですか。
夏目 事業所の保険は入っています。
大川 職員さんが怪我をすることもありますか。
夏目 送迎の際に激しく動くことがあるので車はよく壊れます。今のところは保険で直せていますが、この間、ディーラーさんから「そろそろ……」と言われてしまいました。うちも一般企業なので予期せぬ出費は痛いのですが、経営者としては日々戦いです。その出費を痛いと考えるか、それも受け入れていくような会社を作っていきたいのか。もちろん会社とバディさんとの相性が合わないことはあります。
大川 そういった場合はどうされていますか。働いてもらいたいけど、やっぱり難しいという事例もあったのではないでしょうか。
夏目 基本的には来るもの拒まずで、断ることはしていません。相性が合わなかった場合には、どうするかをゆっくり丁寧に話し合いながらやっています。

大川　そうは言っても、いろいろご苦労はあったんじゃないでしょうか。

夏目　ありましたね。パウダーラボは建物の2階を賃貸で借りていて、1階が大家さんなんです。2階のラボで働いている人の中にチック症[12]で床を激しく蹴ってしまう人がいたときには、大家さんから「うるさいよ」と苦情が出たことがありました。

大川　その時はどうされたんですか。

夏目　経営者として、とても悩みました。自分はそのバディさんに辞めてもらうような会社をやりたいのか、それとも受け入れ続ける会社にしたいのか。どっちをやりたいんだと、ずいぶん考えました。その結果、大きな出費ではありましたが、そのバディさんが安心して働ける拠点を別の場所に作ることにしました。

大川　一人のために新たな拠点を作ったのはすごいですね。「ワンフォーオール　オールフォーワン（One for All,All for One）」じゃないですか！

夏目　もちろん一般企業ですから、新しく作った場所をコストセンターにするわけにはいきません。ちゃんと雇用の場にして利益を上げることを目指しました。

大川　そんなことが可能なんでしょうか。

夏目　従来は外注していたタルトの生地玉づくりを内製化させて、みんなで作れるような仕組みを作りました。今はそこで20人ぐらいが働いています。経営者として大きなチャレンジでしたが、この取り組みが大きな成長の原動力になりました。

大川　ものすごい決断の後に、ちゃんと結果がついてきているんですね。

夏目　内製化はお茶っ葉をパウダーにする工程でも進めました。以前は10キロのお茶っ葉を外注先に送ると、茎の部分が捨てられて7キロ分のパウダーになっていたんです。本当はお茶っ葉の茎の部分は栄養価が高くて美味しいのに、機械が痛むからという理由で茎の部分は捨てられていました。今は内製化してバディさんが手作業で臼を回してパウダーにしています。それによってロスがなくなり、茎まで含めて100%をパウダーとして製品づくりに利用しています。

大川　お茶っ葉の茎の話で思い出しましたが、自分のおふくろも普通は切り落としてしまうホウレンソウの根っこの部分を丁寧に洗って料理していましたよ。甘くておいしいし、栄養価が高いそうですね。一般企業だと採算に合わないとか手間暇かかりすぎるという理由で切り捨てられるところも、それぞれの良さを活かすことで強みに変えているんですね。人間にも食材にも、いろんな個性を認めている会社だとよくわかります。

夏目　リスクやコストが増大することを恐れて、なにかを「やらない」と判断することは簡単です。できる人を採用しようとか、こういうリスクは背負わないようにしようとか。

でも、本当にそれはやりたいことなのかと自問自答し続けています。

大川　いろんな企業の方とお話しして感じていることがあるんです。多くの場合、障がいのある方を受け入れると社員に負担がかかるのではないかと考えているんですよね。アシストしなきゃいけないとか、突然休まれたらどうしようかとか。

夏目　それは綺麗事じゃなくて一理あると思います。でも、やってみると、ある程度仕組みがわかってきます。「この仕事をこういう風にすれば、〇〇さんができる」という考え方に発想を転換できる。会社の中で「何ができますか」から「こうしたらできるんじゃないか」に言葉が変わっていったのは大きな成長であり、財産です。

大川　最後に今後の目標も教えてください。企業として絶好調ですから、今後は上場なども考えられるんじゃないでしょうか。

夏目　世の中の人たちは僕らのことを「社会貢献している企業」だとか「困っている人を助けてあげている企業」みたいに見ていると思うんです。でも、僕たちは今していることは決して特別なことでも社会貢献でもない、誰もが輝けることは、社会や経済がやるべき普通のことにしたいんです。「いろんな凸凹があるみんなでもこういう会社もできるんだ」ということを世の中にわかりやすく示したい。そのためにも市場経済にちゃんとインパクトを与えたい。だから上場も考えたいと思います。

大川　ぜひお願いします。世界を見ても、久遠チョコレートのような事例はほとんどないと思います。自分が知る限りでは、オランダの「ブラウニーズ&ダウニーズ（Brownies & downieS）」[13]というカフェチェーンでは、知的障がいがある方が活躍しています。先日、ヨーロッパに行った際に利用してびっくりしました。高級ホテルのラウンジ並みにきれいな店内で、美味しい。国外にも進出しているようです。久遠チョコレートも今後のチャレンジとして海外進出することはありますか。

夏目　コロナ禍以前はイギリスやマレーシアへ進出する話を進めていました。コロナがあって仕切り直しになりましたが、ちゃんと考えています。

大川　それは頼もしいです。久遠チョコレートは「チャーリーとチョコレート工場」のように、みんながいきいきしていますね！　ユタカとチョコレート工場、楽しませていただきました（笑）。

注

10　愛知県の最低賃金は、取材当時の2022年は986円。2023年12月現在で、時給1027円。

11　知的障がい、発達障がい、ダウン症、てんかんがある人が個人で加入できる保険と、知的障がい者施設向けの保険などもある。現場でのトラブル・事故に応じて保険が下りる。

12　まばたきや咳払い、首振り、奇声が意思に関係なく出る疾患。運動チックと音声チックがあり、音声チックは他人が発した言葉を繰り返す、汚い言葉やひわいな言葉を突発的に言ってしまうことがある。

13　ブラウニーズ&ダウニーズ（BrowniesdownieS）はオランダのカフェチェーン。ダウン症のスタッフが働いている。カフェ営業を収入源としているのではなく、就労のトレーニングをするデイケアとして運営している。

取材後記

□暮らす　□楽しむ　☑働く

いや〜、チョコレートのカカオもコーヒー豆のように種類によって味が違うのを知らなかった。バレンタインデー生まれとして、チョコソムリエになりたい！　カカオも多様な食材もあるのだから、多様な達人、職人が生まれても不思議ではない。茶葉の茎を細かく粉にしていく名人、チョコレートにトッピングをする名人、チョコレートの具合を見て綺麗にカットする名人。なんと包装箱作りの名人がいた。パウダーラボのシイタちゃんだ。

　シイタちゃんは自閉症のため、言葉でのコミュニケーションが難しい。しかし、チョコレートの箱の組み立てが早くて、うまい。最初は多動特性もあったというが、今は「ノールック」で組み立てる。なぜ、多動がおさまり、箱作りができるのか不思議だ。

　自分が演劇の演出をする時、重要なセリフを台本に書かず、本人が役になりきって自然と内面から出るセリフを採用するという方法がある。なので、いろんな施設に行ったとき、利用者さんが言葉を話せなくても「心の声」で会話するときがある。シイタちゃんを見ながら、声にならない心の声で「なんでこんなに早く作れるの⁉」と言うと自分を見てニコッとした。きっと表情を読み取ってくれたのだと思う。みんなで盛り上がりながら一緒に写真を撮り、取材を終えて帰る時も、シイタちゃんはずっと自分の後をついて来てくれた。社長の夏目さんも「シイタちゃんどうしたの⁉」とびっくりしながら、車に乗る最後まで満面の笑顔で見送ってくれた。あの仕事ぶりはＴｉｋｔｏｋでバズりそうだなぁ。

　久遠チョコレートは、バディさんに報酬をきちんと支払い、順調に会社を成長させている。近い将来上場できると思う。そうなると社会的インパクトはすごいと思う。自分の会社だけでなく、社会の仕組みをよくしようとする夏目さんは本当にすごい。日本が世界に誇れる会社だと思うし、世界に進出して障がいのある方の選択肢を増やしてほしいと思う。

厚生労働省
https://www.mhlw.go.jp/index.html
農林水産省
https://www.maff.go.jp/
日本神経学会
https://www.neurology-jp.org/public/disease/als_detail.html
警視庁
https://www.keishicho.metro.tokyo.lg.jp/index.html
滋賀県立小児保健医療センター
https://www.pref.shiga.lg.jp/mccs/shinryo/sekegeka/shikkan/107460.html
徳島県政策創造部総合政策課広域連携室
https://www.pref.tokushima.lg.jp/kenseijoho/soshiki/seisakusouzoubu/sougouseisakuka/
横浜市健康福祉局
https://www.city.yokohama.lg.jp/faq/kukyoku/kenko/
プレジデントオンライン
https://president.jp/
看護師の用語辞典　看護roo！
https://www.kango-roo.com/word/
医療的ケアを必要とする児童に対する就学支援の拡充をめざす会
https://iryotekicareshuugaku.amebaownd.com/
特別支援教育のトビラ
https://tokushi-tobira.jp/
けあタスケル
https://caretasukeru.com/
障害者グループホームラボ
https://shogai-home.com/chiteki.html
障がい者としごとマガジン
https://shigoto4you.com/
全国市民オンブズマン連絡会議
https://www.ombudsman.jp/
学研キッズネット
https://kids.gakken.co.jp/
NPO法人　障害年金支援ネットワーク
https://www.syougainenkin-shien.com/
凸凹ガイド
https://guide.de-co-bo-co.jp/
NPO法人　発達わんぱく会
https://www.wanpaku.org/

LITALICOジュニア
https://junior.litalico.jp/
LITALICOワークス
https://works.litalico.jp/
放課後デイサービス夢門塾
https://www.careoth-junior.com/mumonjuku/
日本理化学工業株式会社
https://www.rikagaku.co.jp/
全日本知的障がい者スポーツ協会
https://anisa.or.jp/
スペシャルオリンピックス日本
https://www.son.or.jp/
スペシャルオリンピックス日本・東京
https://www.son-tokyo.or.jp/
Special Olympics（英語版）
https://www.specialolympics.org/
社会福祉法人　南高隣会
https://www.airinkai.or.jp/
ホワイトハンズ
https://white-hands.jp/about/
まちごと美術館cotocoto
https://cotocoto-museum.com/
久遠チョコレート
https://quon-choco.com/
映画「チョコレートな人々」HP
https://tokaidoc.com/choco/
『世界を驚かせた女性の物語　時代をきりひらけ！
女性アーティスト＆デザイナーたち』
（ジョージア・アムソン・ブラッドショー 著・リタ・ペルッチオーリ 絵・阿蘭ヒサコ 訳、旬報社、2019年）
『刑務所しか居場所がない人たち』（山本譲司著、大月書店、2018年）
「スウェーデン・モデルに関する一考察」『地域政策研究』
（秋朝礼恵著、高崎経済大学地域政策学会、第 17 巻、第２号、2014年、87頁～ 103頁）
千葉県健康福祉部障害福祉事業部「障害福祉サービス利用待機者調査結果」
（平成31年4月）

読んでくれたみなさん、
取材に協力してくれたみなさん、
ありがとうございます。
また会いましょう！

Profile

大川 豊　おおかわ・ゆたか

大川興業総裁

1962年東京都生まれ。明治大学在学中にお笑い集団「大川興業」を結成。就職試験で153社不合格となり、1985年大川興業株式会社を設立。芸人と同時にプロデューサーとして1990年から若手芸人育成のためのライブ「すっとこどっこい」を毎月開催し、多くの芸人を輩出。政治経済のネタを得意とし、国内外で取材を行う。近年は福祉、医療の現場にも赴きその活動は多岐にわたる。幅広い人脈を活かし、東日本大震災、熊本地震などの復興支援活動も行う。著作に『日本インディーズ候補列伝』（扶桑社）他。

大川総裁の福祉論！
知的障がい者と〝食う寝るところ、住むところ〟

2024年2月10日　初版第1刷発行

著　　者　大川 豊
デザイン　Boogie Design
編集協力　畠山理仁
編　　集　粟國志帆
発 行 者　木内洋育
発 行 所　株式会社旬報社
〒162-0041　東京都新宿区早稲田鶴巻町544中川ビル4F
TEL 03-5579-8973　FAX 03-5579-8975
HP http://www.junposha.com/
印刷製本　中央精版印刷株式会社

©Yutaka Okawa 2024,Printed in Japan

ISBN 978-4-8451-1867-0